康熙乙亥
清河县志

·点校本·

政协淮安市淮阴区委员会
淮安市历史文化研究会 ◎整理

葛以政◎点校

中国文史出版社

图书在版编目（CIP）数据

康熙乙亥清河县志：点校本 / 政协淮安市淮阴区委
员会，淮安市历史文化研究会整理；葛以政点校 .
北京：中国文史出版社，2024. 12. -- ISBN 978-7
-5205-5015-4

Ⅰ . K295.34

中国国家版本馆 CIP 数据核字第 2024FH2249 号

责任编辑：王文运　　　　　装帧设计：蒲　钧　程　跃

出版发行：**中国文史出版社**

社　　　址：北京市海淀区西八里庄路 69 号　邮编：100142

电　　　话：010-81136606　81136602　81136603（发行部）

传　　　真：010-81136655

印　　　装：廊坊市海涛印刷有限公司

经　　　销：全国新华书店

开　　　本：710mm×1000mm　　1/16

印　　　张：13.25

字　　　数：191 千字

版　　　次：2025 年 1 月北京第 1 版

印　　　次：2025 年 1 月第 1 次印刷

定　　　价：80.00 元

《康熙乙亥清河县志·点校本》编委会

顾　问　花法荣　曹启瑞
主　任　仲　波　时洪兵
委　员　吉文海　葛以政　曹正锋　孙立祥　包政之　徐业龙

《康熙乙亥清河县志·点校本》编辑部

主　编　葛以政
副主编　徐业龙
点　校　葛以政
编　校　周性铠（底本提供）　李锦兰　朱维明　陈　瑾

序

　　千年古县，人杰地灵。独特的地理环境和深厚的历史底蕴，让淮阴这座古城有着阅不尽的风景、讲不完的故事、数不清的人物。历史虽已逝去，但在这片土地上凝聚的精神和物质文化遗存是我们永远的财富，对这些优秀传统文化的挖掘、传承、开拓，是我们的义务，也是我们的责任。

　　作为记录历史变迁、反映政风民情的重要文献，地方志是我们挖掘历史智慧、传承优秀文化、弘扬民族精神的重要载体。一个地区的文明越悠久，留下的地方志就越多。淮阴历史上有多部史志典籍，明清时期，就先后有《嘉靖清河县志》《康熙壬子清河县志》《康熙乙亥清河县志》《乾隆清河县志》《咸丰清河县志》《光绪丙子清河县志》等多部志书，淮阴的千年历史在几部地方志中得到接续不断的记载，优秀传统文化也得到永续传承。

　　此次点校的《康熙乙亥清河县志》，是在当时的清河县城、如今的马头镇旧县村修纂的，主修者是淮阴县历史上最著名的县令、最有名的清官管钜。该志分门别类、翔实客观记述了自秦至清康熙年间淮阴的历史文化沿革，重点记载了康熙时期淮阴的建制沿革、历史地理、风俗人物、文教物产等历史情况，在内容和篇幅上较旧志皆有提升，为淮阴县旧志之集大成者。《康熙乙亥清河县志》点校本的出版，将进一步填补淮阴官修正史和地方志的空白，为研究淮阴历代乡土地理、文化风俗、经济社会等方面的情况提供丰富的史料，将在鉴古知今、彰往察来、资政辅治、化育人心等方面发挥重要作用。

习近平总书记强调："文化是一个国家、一个民族的灵魂。""文化自信是一个国家、一个民族发展中最基本、最深沉、最持久的力量。"希望广大党员干部群众通过阅读本书，更好地认识过去、把握当下、面向未来，更深入地了解淮阴这座有根、有魂、有精神的城市，持续从深厚的历史文化中汲取智慧和力量，进一步传承优秀文化、提升文化自觉、增强文化自信，以更强定力实施"工业强区"战略，全力争创"全国百强区、全国百强高新区"，为全面推进中国式现代化淮阴新实践贡献更大力量。

中共淮安市淮阴区委书记　王建军

2024 年 11 月 19 日

整理说明

　　《康熙乙亥清河县志》为管钜监修,汪之藻等编纂,康熙三十四年(1695)刻本。吴棠、鲁一同修纂《咸丰清河县志》时,仅有《乾隆清河县志》作为参照本,以未能见到前三部《清河县志》为憾事,其中就包括《康熙乙亥清河县志》。国内所有馆藏皆无《康熙乙亥清河县志》藏本。2022年,我们获得从日本传回来的珍本(详情见后),这是本地历史文化研究工作的一件大喜事。

　　管钜,字维庵,江西临川(今抚州)人。康熙二十六年知清河县,任内政声斐然,康熙三十四年(乙亥年)修成《康熙乙亥清河县志》。该志中有反映其政绩的第一手资料,如序言、碑文等。康熙三十六年升任宁州知州。此后的乾隆、咸丰、光绪丙子《清河县志》中对其主要政绩都有沿袭记载。

　　汪之藻,字荐宫,邑廪生。《乾隆清河县志》记载他"博涉经史,古文词一一精妙。凡宗工以文字相契洽者,无不以国士推之。持躬严毅端方,与乡邻接,退让温恭,捐置祭田,敦和宗族。因县志久堙,请于邑令邹公兴相纂修,独任厥职。康熙乙亥年,管公钜续修,藻亦董其成。文誉藉甚,远播江淮,造门问字者无虚日。卒年七十八,所著有《易经衍义》四卷、《诗义发挥》二卷、《止止堂文集》"。

一、《康熙乙亥清河县志》是最难寻找的地方典籍

　　元代之前的淮阴县没有编纂过志书,明清时期的《清河县志》共有六部,分别是《嘉靖清河县志》《康熙壬子清河县志》《康熙乙亥清

河县志》《乾隆清河县志》《咸丰清河县志》《光绪丙子清河县志》。中华人民共和国成立35周年时，淮阴市图书馆复印了350本《光绪丙子清河县志》，专家之手与馆藏之志就都是这本志书了。我于2003年编纂《淮阴访胜》一书，先是得到徐业龙同志提供的《光绪丙子清河县志》影印本（共六册），而后又得到周立诚先生（1996年版《淮阴县志》主编）提供的《咸丰清河县志》复印本（这是他编纂《淮阴县志》时到江苏省图书馆复印的）。2010年，我又得到了范成泰先生提供的《嘉靖清河县志》全本和《康熙壬子清河县志》残本。这两个本子是范耕研先生在抗日战争前收藏的手抄本，是台湾淮阴同乡会交流过来的。其中，《康熙壬子清河县志》残本是张煦侯先生花钱请人从北平图书馆抄写的，范耕研又转抄了一份。

有了以上四个本子，能够收集到《康熙乙亥清河县志》《乾隆清河县志》就是我的企望了。范耕研手中曾收藏过《乾隆清河县志》，在抗日战争时转运上海的过程中失落了。改革开放之后，其子范震回到上海，找到了《嘉靖清河县志》全本和《康熙壬子清河县志》残本，但没有找到《乾隆清河县志》。我希望在大数据的帮助下实现愿望，多年多次拜托多位专家寻找这两部志书，终于在2021年4月得到淮安市地方志办公室李想博士的准确信息，并经周平主任批准借出了新出版的《江苏历代方志全书》第22、23册，拍下了《乾隆清河县志》影印版本的全部照片。在已有《咸丰清河县志》《嘉靖清河县志》《光绪丙子清河县志》点校经验的基础上，我整理点校了这部志书。淮安市历史文化研究会仲波会长将点校出版《乾隆清河县志》作为重点工作安排；淮阴区政协时洪兵主席鼎力支持，将其列入工作计划；淮阴区委书记王建军（其为文献学博士）欣然为本书作序。合作完成的《乾隆清河县志·点校本》于2022年12月顺利出版，并在2023年1月初召开的淮阴区"两会"上首发，使这部最后编纂于马头旧县的地方历史文化典籍得以传承与普及。

掌握了以上五部志书，解开《康熙乙亥清河县志》之谜，就是我唯一的心结了。《康熙乙亥清河县志》刻本是《乾隆清河县志》的唯一参考底本，因为《康熙壬子清河县志》也是汪之藻编纂的，当年又没有刻本，其中的主要内容都已融入《康熙乙亥清河县志》之中了。从《乾隆清河县志》将康熙年间两部清河县志中的《清河县旧图》（实际是明末清初的状况图）误标注为《清河县嘉靖乙丑年旧图》的情况来看，《乾隆清河县志》的修纂者也是没有看到过《嘉靖清河县志》的。当吴棠、鲁一同编纂《咸丰清河县志》时，他们也只有《乾隆清河县志》这唯一的参考依据（吴棠自述没有见过前三部志书）。这就是说，当《乾隆清河县志》成书之后，《康熙乙亥清河县志》就很少有人关注而被失落了，以至于以后将近300年的研究者都无缘见到这本重要典籍。

网上查到六部志书的信息，《中国地方志联合目录》于邹兴相在康熙十一年所修《清河县志》下附注："日本内阁文库有康熙三十四年刻本全帙……康熙期间曾两度修志，后成者主修人为管钜……壬子即康熙十一年，乙亥即康熙三十四年。此书国内未见藏本，原书现存日本。"《康熙乙亥清河县志》国内无藏，远在日本，我只能望洋兴叹了。

2023年1月18日（腊月二十七）晚上，我在苏州家里从微信"淮安文史群"中发出《乾隆清河县志·点校本》的成书照片，淮阴区历史文化研究会副会长周性铠当即回应："各位专家老师好，漂泊海外三百余年的《康熙乙亥清河县志》已经回到淮阴。"我既兴奋又疑惑，点赞之后与他微信单聊，果然是从日本传过来的本子。2月上旬回淮后，约周性铠商谈点校事宜，几日之后就收到他发来的《康熙乙亥清河县志》底本扫描件。

二、《康熙乙亥清河县志》不同寻常的价值

清代之后的史志界称说《咸丰清河县志》为良志，而直至本书底本面世之前，史志界没有见过《康熙乙亥清河县志》。就六部《清河县志》而言，《康熙乙亥清河县志》才是真正意义上的良志。

《康熙乙亥清河县志》主修者管钜，是清河县功绩最为显著的知县。其政声在其后三部志书中屡屡提及，然而三部志书关于管钜的记载都是第二、第三手材料了。只有管钜自己主修的志书，才是亲力亲为过程中的真实记载。管钜于康熙二十六年（1687）担任清河知县，正是清口枢纽大治成功之时。康熙皇帝重用河道总督靳辅，以清口为中心大刀阔斧地治理黄淮运，尤其是对清河县的土地进行了开肠破肚式的大手术（大筑高家堰，开多道引河，移运口建闸座，开中运河、下中河等）。其时，靳辅仍在河道总督任上，清口枢纽是治理成功了，而清河县的千疮百孔皆需知县来医治。百废待兴亟须贤臣，管钜走马上任，面临的难题实在太多；他殚精竭虑，舍己为公，奋斗十年，功勋卓著。到康熙三十四年（1695）管钜任职八年之际，《康熙乙亥清河县志》也就应运而编纂完成了；两年之后，贤能知县升任宁州知州而去，此地人如何能够忘记他的功德呢！"去思碑"也就是对他最好的褒奖了。关于管钜"去思碑"的记载，见中国文史出版社2017年版《咸丰清河县志·点校本》第251、252页。而《乾隆清河县志》的"名宦"中本应有"管钜"，因为在缺页之内，就无从查找了（见该书第175页）。

清口枢纽作为大运河上持续时间最久、设计最复杂的工程，如今是中国大运河世界文化遗产重要的遗产点之一，而康熙年间的地方典籍也就成为了解和研究清口枢纽工程最重要的第一手资料。有了《康熙乙亥清河县志》，康熙年间的地理状态、时俗风情、治理机构等一一呈现，其后二志点校过程中因模糊、缺页、简略等原因而产生的相关疑团也都得以解决。

三、《康熙乙亥清河县志》的概况及其说明

《康熙乙亥清河县志》共有四卷，而每一卷包括的大类较多，除了有些地方模糊之外，内容都很完整。其中的模糊之处，可以参照《乾隆清河县志·点校本》《咸丰清河县志·点校本》相关内容辨别清楚。

卷之一分为图考、建置沿革、星野、祥异、疆域、形胜、山川、关津桥渡、风俗、里甲、坊市、镇集、公署、学校、仓储等门类。

卷之二分为祀典、河防、驿递、恤典、古迹、户口、差徭、地亩、贡赋、蠲恤、物产、秩官、名宦等门类。

卷之三分为选举（有制科、年贡、例贡、征辟、武勋、封赠、荫叙、吏阶等细项，还附录了冠带）、人物（有先哲、独行、隐逸、流寓、列女等细项）、历朝制书、著述文目等门类。

卷之四就是"艺文"一大门类，包含对策、奏疏、议、赋、诗、论、说、记、碑这些文体。

需要重点说明的是，本志的四卷底本内容完整，因其多为第一手资料就显得准确而珍贵了，不仅引用起来比较放心，而且还可以弥补《乾隆清河县志·点校本》乃至《咸丰清河县志·点校本》因底本缺页、模糊、简略而产生的空缺与讹误。笔者在点校时大都加了注释，使其缺憾得以弥补，以便研究者自行纠正，不再以讹传讹，造成疑惑。特别是"人物""艺文"中的几处需要强调一下：

1. "人物"大类的"韩信"传述之后有小注："今郡城淮阴侯祠多著灵迹。前明有广西韦氏成进士，自纪于侯庙之前称侯裔孙，谓蒯侯以婴白之义取侯遗孤，属南粤王佗全之。至今姓韦，用韩之半，子孙繁多云。"这个小注十分珍贵，可以纠正《乾隆清河县志·点校本》第178页相同内容的讹误。当时因底本模糊难辨，根据现有遗存的状况经过研讨认为有几个字可以填充，结果还是出现了讹误，如果不是《康熙乙亥清河县志》的出现，讹误就难以得到纠正了。由此感到，点校古籍，丝毫不可臆断，差之毫厘，就会失之千里的。

2. "人物"大类"列女"细项中"张氏，陈僧民妻"的具体事例很重要，可以补出《乾隆清河县志》底本缺页的相关内容，而《咸丰清河县志》是仅以《乾隆清河县志》为参照本的，所以也无此事例的具体表述。此事例不仅可以解开几部志书的空缺之谜，还可以解开相关诗文的咏叹之谜，甚至可以为高家堰大堤武墩二河大桥南侧的贤孝坊遗存解开谜团从而填补其历史空白。

3. "艺文"中丁士美的《廷对策》有这样几句"正是四国而中国治安，将华日益尊；蛮貊率俾而守在四彝，则彝日益遁。由是而卜鼎于亿年，由是而传世于万叶。圣神功化之极，久安长治之方，要在本原之地加之意焉而已矣。"此处有几个字与《乾隆清河县志》不同，应该是《乾隆清河县志》的编辑者根据国情变化（民族团结需要）而作了改动。《咸丰清河县志》只摘取了文中的一些段落，没有涉及如上内容。

4. "艺文"中汤调鼎的《淮水分清赋》有如下之句："尔乃埃飞薄暮，雨洗奔沙，狂飙昼昏，腾虹东斜，缪缪濛濛，彭彭哇哇，或攀霄而走碧，或踔空而蹑云，或排梁而截渡，或狂午而骇曛。舞蛟人而下泣，感游子之索群。终泾湆而渭素，区派别而流分。"而《乾隆清河县志》沿用此文，此节内容被改动十多个字，点校本中的标点也不同了。

5. "艺文"中刘良卿的《惠济祠碑》一文非常重要，可以正本清源。此前多处见过此文的部分内容，也曾见过其他二三手资料，皆不完美。《乾隆清河县志》底本中的此文因缺页而只有最后两句，此文可补其缺页之憾。《咸丰清河县志》只在考证"惠济祠"的文字中体现了几句内容。《淮阴清河清口研究文集》第214页有对于拓碑的全文解译，但其原文也有多处与此不同。

还需要说明的是：目录中在卷之四之后显示有"附：杂辨、备遗"，而第四卷正文之后没有见到其具体内容，也算是缺憾了。这是因为此前的《康熙壬子清河县志》残缺太多，残本中没有这些内容［《康熙壬子清河县志》为邹兴相修，汪之藻等纂，康熙十一年（1672）修纂，也是四卷，只是手稿，当年没有刻本刊行］。可见汪之藻先生连自己编纂的《康熙壬子清河县志》底本都没有保全（康熙十四五年，洪水几次冲入清河县城，《康熙壬子清河县志》能保住残本已是幸事），以致再纂《康熙乙亥清河县志》时留下缺憾。而在之后的《乾隆清河县志》等志书中也就同样无法避免这些缺憾了。

　　感谢淮安市淮阴区委王建军书记为《康熙乙亥清河县志·点校本》作序，感谢淮安市淮阴区政协时洪兵主席对《康熙乙亥清河县志·点校本》出版工作给予的支持，感谢淮安市历史文化研究会仲波会长对此项工作的重视和安排，感谢为本书整理、出版付出辛苦的各位同人。

淮安市历史文化研究会副会长　葛以政
2024 年 7 月 26 日

点校凡例

一、将底本的繁体字竖排本改为简体字横排本，并加以标点。数字用法仍用底本。人名、地名易生歧义者，不予简化。

二、难解的字、词、句及其校勘记，采用页下脚注的格式；解释只为解明文意，力求简洁。有些生僻字的注音，采用随文标注的格式，以便阅读理解和继续研究。

三、文献中引述文字多为长句扼要略述，难以读懂，点校时加引号，以示为引述文字；征引书名用简称时，加书名号不补全称，如《旧志》《前志》《新志》《府志》《郡志》《新郡志》等，容易混淆不清的，皆以注释表明具体名称。

四、校勘使用符号：［］内的字、词表示对［］前底本中（）内字、词（包括通假字、避讳字、异体字）的改正或补脱；□表示原书此字的空缺或模糊不清。

五、对底本中因表示尊崇而空格、另行或突出版心的格式，均予以废除；避讳字、通假字、异体字和俗字，径直改为通行字；对己、已、巳等之误，随文改正，不加改正符号；改底本夹注小号字双行排为小号字单行排；底本引文中同一名称写法不统一者，一般不加辨别，不求统一。

六、"艺文"中所录诗、词、赋、文，除校改明显错误外，一般不标注版本之异同。

目 录

康熙乙亥清河县志

图考 旧图 新图 河道图　建置沿革　星野　祥异

疆域 里程附　形胜　山川 沟附　关津桥渡 八景附

风俗　城池①　里甲　坊市　镇集　公署

学校 书院社学附　仓储

祀典 丘墓附　兵御②　河防　驿递　恤典　古迹 寺观附

户口　差徭　地亩　贡赋　蠲恤　物产

秩官 宦绩附　名宦

---

①② 底本目录中没有"城池""兵御"二目，此处为点校者所加。

---

① 底本未见到具体内容。

康熙乙亥清河县志

［清］管 钜 监修
［清］汪之藻 何 佳 编纂
葛以政 点校

清河縣志序

邑之有志以志一邑之奧

故與郡志通志相表裏凡

大廷之上中外一統開局

命官纂修成志者其採輯考訂

清河县志序

邑之有志，以志一邑之典故，与《郡志》《通志》相表里。凡大廷之上，中外一统开局，命官纂修成志者，其采辑考订必于是乎取衷焉。盖国家幅员方广，度越古今，东西朔南，无远弗届。版图疆索之内，虽子民尺土，罔有或遗；况一邑之大，足当古诸侯封域者哉！

苟志之弗详弗慎，将邑中山川几何，疆理几何，人才、物产、户口、钱谷几何，邑弗获上之郡，郡弗获以其实，登诸《通志》，而《统志》将奚所藉手以成？故邑志之弗修，非一邑之故也。独是他邑志，远或百年，近或数十年始一修，其山川、土田亘古不易；即人物、风俗之变，必积久后移，故其修弗数数。然若清则河流迁徙，而挽漕开塞，不数年辄变。变则流崎易形，四封殊堠，而户口、钱谷数与俱更失。数年不修，即疆域、形胜无所准，土田、户口稽核无所凭。即如前志之修，在《统志》开局之始；今《统志》未竣而中河开，沧桑近在旦夕，凡前志援据采录者，倏忽已纸上，高深不可复问矣。若以为无关吏治缓急，可置弗问。贻一邑之因循，其失小；以一邑之志，贻《统志》之失实，其失大。而余适承乏其任，当其时，其敢以弗娴于文，姑俟能者辞乎！

夫古之君子履其地，必即其地之人才咨之。昔司马作史，览涉名山大川，必就其地访其长老，以周知其事。而圣人论礼，亦必典文与遗献并征。盖综核典故，涵负古今，进退折衷；取博而用精，使详略中程，体裁合度；此则名硕博雅者之为也。若夫里居其地，其山川、风土、沿革、损益，皆目击而识存之，出其胸臆，指源流而晰条委，虽故府典册弗及详，博闻强志弗能过，此则非宿学遗老弗克任也。由前言之，则前志所详，不知几历年，所更几手笔，始克就典册，今因之而已。由后言之，则邑汪子年德俱劭，前志出其点定，今仍踵事，并籍手何子，告成书焉。讵敢以是垂不朽？聊以志因革之实，弗致以舛误，贻大廷之《统志》而已。若夫察户口之盈耗而思招徕，验风俗之贞淫而思教化，考人才之兴替而思长养，究利弊之始末而思兴除，则凡莅斯土而阅是志者，皆与有责焉。而余以不敏，乃不辞尘秕，居前导矣。谨序。

时康熙三十四年岁次乙亥秋七月之吉，知清河县事临川管钜书于官舍之退省堂。

点校者注：底本此处有"管钜之印"的印章，另有标志图章一枚，篆体字难辨。

重修县志引

邑志，重典也。何邑无志？何志不修？而详明与简陋，则不可同日而语矣。清河，蕞尔邑地；虽斥卤，王土也；民虽贫寡，王黎也。户口钱谷，非无版籍之登；山川疆理，非无职方之考；人文、物产、民俗、土风，非无广舆之载；而必有志以识之者，集其成也。清邑何可一日无志？志何可数十年不修哉？

临川管公莅任以来，百废皆兴。德政洋溢，士也沐陶成，农也乐温饱，居肆者会集如林，通功者熙攘载道。邦宪叨陪学训，亲炙清光。见邑志之久而残缺也，因请于吾公复修而新之，参考厘订，美善兼备，前之简陋者，今变而为详明矣。故户口犹是也，而生齿较繁；钱谷犹是也，而贡赋较一；山川犹是也，而气象较新；疆理犹是也，而田野较治；人文物产犹是也，而弦歌较盛、生殖较丰；民俗土风犹是也，而化理较隆、景光较异。岂非良有司好士惠民、节用爱物之所致哉！吁一邑虽小，天下之积也。他日者，天子省方问俗而览是志焉，则一邑之土地人民与有司之政理教化，其亦可举目而得之矣。则是志也，即以当千百国报政之书、亿万年经世之治可也。彼有搜罗不备，参考不明，遂使名山胜境，伟人逸事埋没而不彰者，洵不可与斯志同日而语哉！

康熙乙亥秋日，云间邹邦宪漫识。

点校者注：底本此处有"邹邦宪印"的印章，另有标志图章一枚，篆体字难辨。

序

淮南河朔，自古为著述渊薮、形胜要区，清于其中割掌握地立治，当河淮交冲，地垫而民弗宁厥居。莅兹土者扰扰案牍间，尚惧弗给；其视邑之有志，固无当缓急，弗暇及也。临川管侯莅治数年，治成政修，百废具举；以邑《旧志》值河漕开塞后，疆域形势与旧弗合，爰自簿书之暇出绪余，属邑汪君商核论定，并属序于予。予惟邑之有志，犹古侯国之有史也。古者侯国户口、版籍之数，岁登诸天府，大司徒受而藏之。其方域道里、险阻扼塞，则职方氏掌之；其人才升诸成均，然后选造，属司徒论辨，属司马其在乡遂则党庠术 ① 序，以养之；其俗尚之美恶，播诸风谣，则輶 ② 轩之，使采其贞淫以察之，盖其时提封百里，诸侯皆世守，又有侯国之史详列纪载，故其地之典故，纤悉必传，无散佚失实之虞。今一邑所属，不啻古侯国地而外史之掌废，凡一切户口、版籍、人才、疆域、风俗之故，所以详记载、垂久远者，非志弗悉失。今不辑，则后将无所稽故，其事至重。第古之史有常职掌以世，及而今弗能则成之綦难，然即其地之人以志其地之事，比之遥测臆度载籍传闻之见，固悬殊焉；而又重以志不朽而传无穷，其曷敢不慎。然则清虽蕞尔区，其疆域隶职方即中外一统中之寸员尺幅也，其户口版籍登司徒即普天率土中之黎民赤子也，其人士升成均而隶宗伯即三载宾兴中之一贤一能也，其风化采诸行台诸使即六服同风中之衢歌壤击也。故以清视清，则户口、物力、人士、风俗，止一邑之故；以天下视清，则流移、凋耗、秀朴、淳漓，皆朝廷赋役、人才治化所关。然则读是编者，其可弗思所以轸念长养之，使逋者、集瘵者起，既生既聚，以引以翼，俾与淮属岩邑共相角立乎！独是清之士若民钟

---

① 党庠术：行中术。
② 輶（yóu）：古代一种轻便的车。

银潢，屈注云汉，天章之秀，生耕植、滨河鱼、盐负海之区，而储蓄、人文较他邑皆弗逮，岂地或失灵，抑人事之未修也？

夫卫文楚丘之乘，始三十而季，乃三百文翁，蜀中之化，初止朴茂，历唐宋乃大显诸士。诚即《淮南鸿烈》大小山诸篇导流而扬其波，安在古今？不相及，于以参石渠[①]、天禄[②]制作之林，仰副圣天子佑文作人之化，即芳喆不且沐休光而与有荣施哉！行将拭目俟之。谨序。

时康熙岁次乙亥相月上澣之吉
古润洪芳喆书于清河之学舍

点校者注：底本此处有"洪芳喆印"的印章，另有标志图章一枚，篆体字难辨。

---

①② 指石渠阁、天禄阁，为旧时档案库。

跋 ①

临川管公莅清十载矣，兴颓起废，指不胜指，虽以困疲下邑而蔚然有文明之象。念邑志之宜修也，详考精核，越四月而书成。宪翻而阅之，凡山川、形势、土俗、民风以及物产、人文之盛，分条别例，朗若列眉。今昔同此邑，而景象则一新矣。且夫邑冲则事剧，土瘠则民贫。前之令清者，非不殚志竭才欲与斯民更始。然而过猛则民残，过宽则民慢。其有不宽不猛于催科抚字两无失者，谁哉？公以龚黄之才，而兼召杜父母之德，是以宰兹剧邑，而能殚厥经理，故清屯重民命也，均丁厚生聚也，修学重儒术也，葺仓资积储也。数年以来，民安物阜，百谷用成。即河伯为灾，惨于产蛙沉灶而请蠲请赈，俾斯民结庐而处，依然有故土之恋而终不至轻去其乡。公之造于清也，大矣哉！今且曳履而上星垣矣。后之治斯土者，览是志而兴起焉，有不奉为官箴民谟也哉！宪不揣鄙陋，复以数言谨附志末，盖重为合邑庆得贤父母而又窃幸腐朽之得与良宰牧为同官也。

云间邹邦宪跋

点校者注：底本此处有"邹邦宪印"的印章，另有标志图章一枚，篆体字难辨。

---

① 底本无题，为与目录对应，"跋"字为点校者所加。

凡例

一本邑舊志修於嘉靖乙丑距今一百二十餘年

不特田賦丁徭增耗多端卽陵谷變遷建置無

舊文而考正補遺稍有同異或據古史明文或

考比比皆是茲志於邑事之因革存廢悉推本

舊文而考正補遺稍有同異或據古史明文或

采世家掌故仍以新舊郡志爲折衷不敢恭臆

說以昭信簡

一史乘記載必先立綱目分義類茲志惟準於

9

清河县志^① 凡例

一、本邑《旧志》^②修于嘉靖乙丑，距今一百一十余年。不特田赋、丁徭增耗多端，即陵谷变迁，建置无考，比比皆是。兹志于邑事之因革存废，悉推本旧文而考正补遗，稍有同异，或据古史明文，或采世家掌故，仍以新旧郡志为折衷，不敢参臆说以累信简。

一、史乘记载，必先立纲目、分义类，兹志惟准于宪颁预志款式，并参秦蜀二志之同文者，订为卷帙先后，不立别体，间有补逸条目，惟因邑事为增损，不致冗杂。

一、志以统一邑之事，凡"建置""沿革""疆域""山川""形势""风俗""土物""人文"诸款，不敢不详。谓一邑之事，不敢不核其实也。其于"田赋""钱粮"俱有成数，亦所以志方贡备参考者。凡"起存""本折""协济""代解"诸款目备载，无不厘然。

一、志以记事，惟据其事之颠末而载之。盖清之时事如"户口""田赋""河防""驿传"之类，日变而非古。据其事之利弊而条悉之，以备廉访之顾问，庶几有造残民、全敝邑也。

一、本邑"人物"在南宋以前者，多从《旧志》。其有古今明证经前辈论定者，如陈公球、球从孙登、刘公崇俊，贯系照然，间增一二，示不忍埋没之意。至嘉隆以后，百有余年，名贤懿行，不少概见。既奉兴朝恩诏，采访、表扬，风教所关，讵敢泯没。但三代之直，月旦之评，采之不敢不详，传之唯恐失实。甄收之余，间效于善善欲长之意，非敢阿好，以混国典。

一、《艺文志》创自班氏《汉书》，但列名氏而文不录。登嘉靖《府志》者，皆淮产；非淮人，悉删之，置之各景地下。窃以孔子惜杞

---

① 此指《康熙壬子清河县志》。
② 《康熙壬子清河县志》中的《旧志》是指《嘉靖清河县志》。

10

宋之文献，抑谓文以载事，即文征礼，非徒扬挖其编牍也。兹集或咏土风，或记事迹，或事有关于兴废、地有辨于封疆以传人、以考事者，悉摭辑之，以存曹桧之政而不问其产。产于清者，仿诸志乘，以邑人别之。

一、本邑"艺文"，《旧志》首载"敕谕"。考诸名郡邑乘，多有未然。以人文之盛，载之不胜载也。本邑际盛兴朝，贤良辈出，恩荣焚黄之典，十数年间冠盖相望矣。故窃高比于人文之不胜载，而犹特标于"艺文"之先，与著述文目并录，所以重国命而表贤绩，非敢略也。

一、《旧志》修于邑宰吴公宗吉，邑先达纪公士范纂之，张公四维订之。从残编断策中核实补遗，三年而后竣，抑慎重之也。兹集踵事考详，视昔较备，不过步三君子之武而发挥之，不敢忘本尔。

续修清河县志 ① 凡例

一、《新志》②修于康熙十二年壬子③。越十年，以纂修《会典》征集天下省会通志补辑呈宪，未经校刻成书。历今二十余年，时虽未久，而本邑建置、赋役等务，变易多端，其关国典奉宪令者，应及时甲乙注明，以示遵守。

一、前奉部颁修志四十款，俱应遵式编辑，但本邑系宋末初置，瓯脱之地，封域不广，如原款内开"封建""帝妃"及"盐漕""芦课""海防"之类，俱境内所无，不敢越疆妄载，以误考据。

一、本邑地瘠当冲，供亿烦遽。田之水废、公废者，南北不赀而升科日益。故《旧志》"赋役"款内，累牍不详。兹复于壬子以后更变损益者，一一补编，附以陈词，以尽反复告吁之意。

一、本邑盛衰存废系于河道，前此为灾为变已一书再书。兹于境内凿筑新工，自壬子迄今者绘图于前，条注于后，一以祝河道之平成，一以著清邑之兴废，故特详之。

一、本邑地当水冲，陵谷不时，二十余年间兴废错见，故于镇集迁变关系疆域者，法在必编。其"灾祥"款内属天变者什三，属水变者什七，采诸掌故，一一书之，所以观时变、修人事也。

一、选举仕例以纪国典，忠孝节义以励风教。本邑人物在数十年以前者，既登前志。在二十年以后者，岂得佚编。兹于历久论定实堪旌表者，据实续载，不敢滥竽，不忍道弃也。

邑后学汪之藻、何佳谨识

---

① 此指《康熙乙亥清河县志》。

② 《康熙乙亥清河县志》中的《新志》指《康熙壬子清河县志》。

③ 康熙壬子年，对应的是康熙十一年。

清河县志卷之一

图考

图者，文字之始。舆地图自周官掌之职方，秦汉以后皆考据之，以知天下形势扼塞强弱之处至重也。清之图而可不绘乎哉。国初，兵垣李公令清河时，仿郑监门遗事，条列灾民情状，绘图十一而说之。兹则大　统而垂万世弗及也。约为新旧三图，以明今昔盛衰之异。附以河道，则志清之非复旧治，而披图者了然如指掌也。

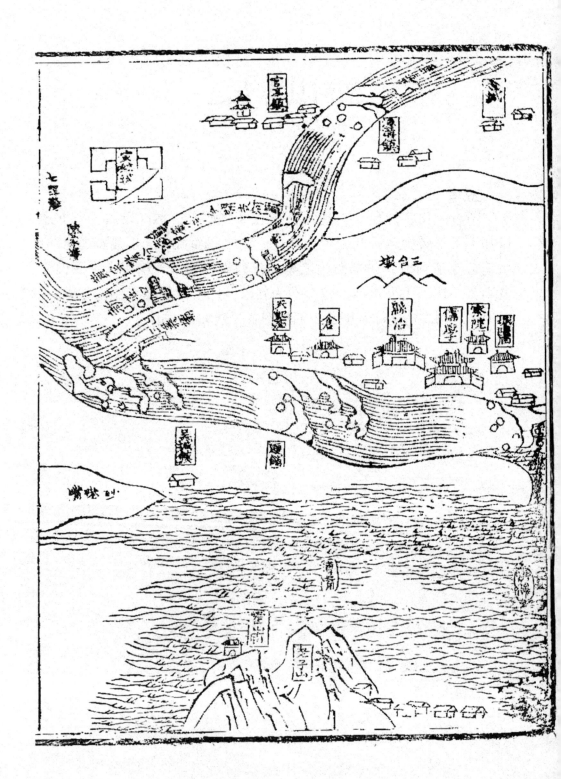

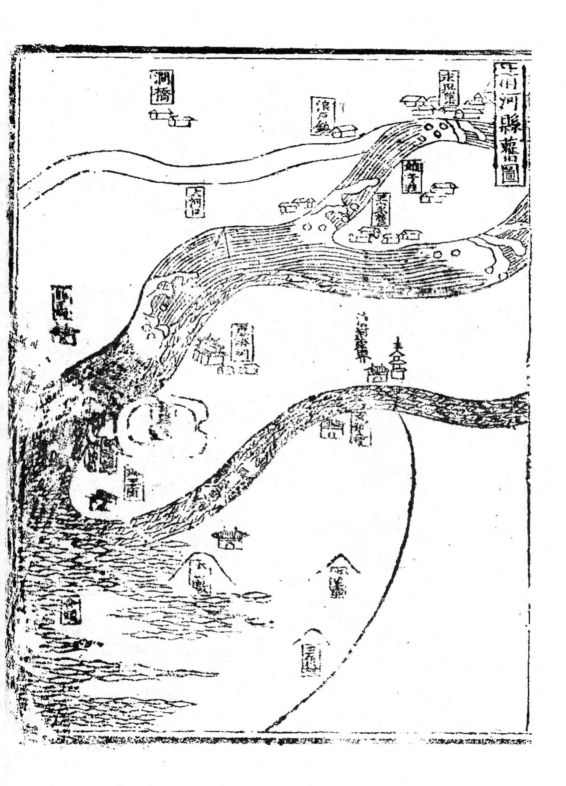

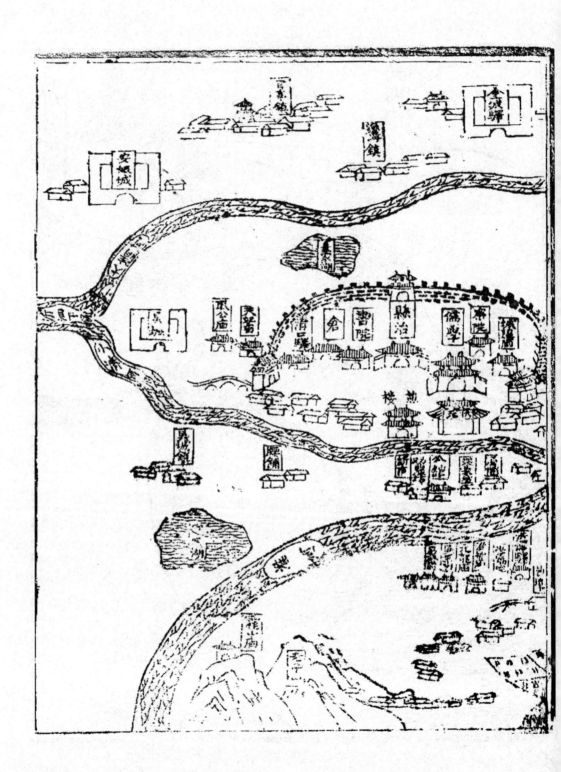

清河縣舊圖

東南接山陽界 東北接安東界
北接沭陽界 西北接桃源界
西南接泗州界 南接盱眙界

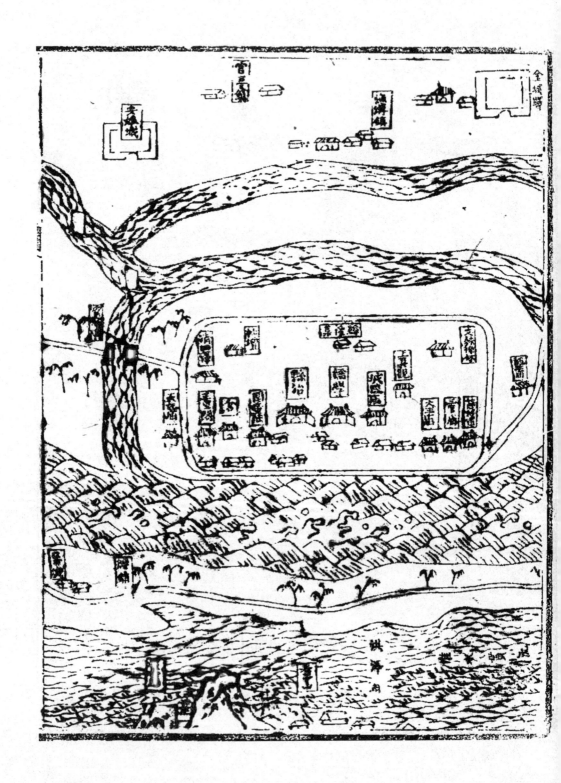

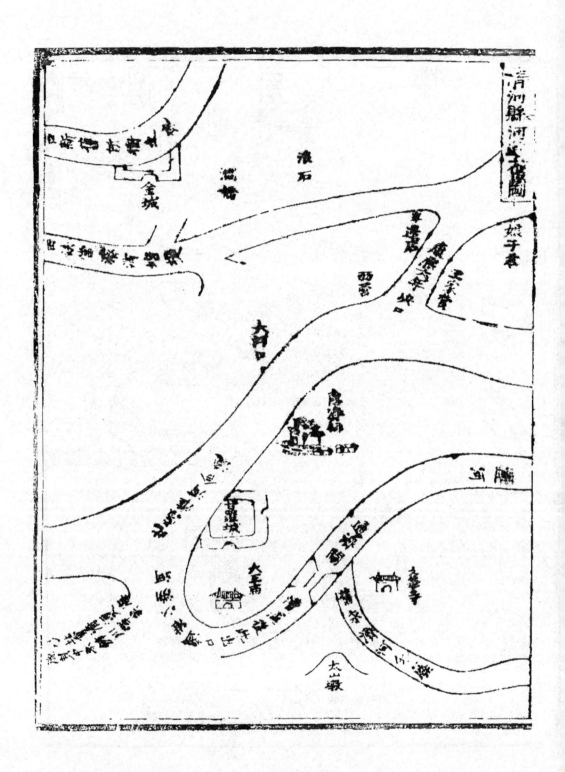

点校者注：

第一幅《清河县旧图》，即《康熙壬子清河县志》中的《清河县旧图》，表现的是明末清初的清河县治在小清口西北与甘罗城之间迁来迁去的状况。

第二幅《清河县旧图》，为《康熙壬子清河县志》中的《清河县今图》，即康熙十一年的现状图，从此图可以看出明代后期潘季驯、杨一魁对黄淮治理分歧的遗存状况。

第三幅《清河县今图》，表现的是康熙三十四年的清河县水情现状。经过河道总督靳辅治理之后，清河县境内的黄河、淮河与运河各行其道，秩序安然。

第四幅《清河县河道旧图》，仅为《康熙壬子清河县志》中《清河县河道图》的右半部分，不如原图完整，因为左半部分不在清河县范围之内。此图的原图，可从《淮阴清河清口研究文集》（河海大学出版社 2020 年版）中查找。

建置沿革

序曰，今之百里邑视古诸侯之封国，皆大司徒所疆理巡狩之所过而观风也。清河固小，有版图焉。昔之建制，仅谓地扼南北；今之相沿，又以京师在燕朝贡舟车之孔道所系也。揽天下之大势与大计，固不得以股肱片土委诸水草荒废中矣。夫建制沿革，世变者也。里图墟市，时变者也；疆域、形胜、山川，不变者也。因其所不变而通其变，更因其变而经所不变，则有土者之从事不敢略已。

考《禹贡》，"淮海惟扬州"，扬州之域北至淮也。"海岱及淮惟徐州"，徐州之域南至淮也。清河始于淮北，而分疆之界轮跨淮南，是一邑兼二州之域矣。《旧邑志》作"《禹贡》徐州之域"，今参《府志》订正。

《周·职方氏》："正东曰青州，其川淮泗，其浸沂沭。"今淮泗经邑之东南境，沂沭入邑之西北境，是清属青也。《周礼》注曰："青州即徐州也"。师古曰："周省青州入徐州。"

春秋时属宋，邑东南有宋口。又属邗，邑南旧有邗沟。又属薛。皆淮海间小国也。

战国为鲁东南境。及楚东侵泗上，又属楚。淮之为楚始此。

秦属薛郡下相地，置淮阴县。或作淮阴郡，今河东有淮阴故城。

西汉初，以淮北为楚，徙封齐王韩信王淮北，置国下邳，而淮以南亦割属焉。及降封信为淮阴侯，居之长安，遂分楚地为二国，淮以南为吴，北仍为楚。景帝时属吴，［吴］楚反，国除，始郡县之。清河属东海郡地，为曲阳，为高山。应劭注："曲阳，淮曲之阳；高山，境内有山。"淮陵连盱眙，淮浦连安东。按，境内山指老子山，地与盱眙接壤。淮浦，洪泽之东北也。

东汉属下邳国，统淮浦高山。《后汉书》载：陈元龙为下邳之淮浦人。又云："至今洪泽有元龙庙。"

晋为泗口，与淮阴、甬城同为重镇。泗口即清河南岸地，考《通鉴纲目》载："扬州刺史殷浩屯泗口，征西司马谢元军泗口。"即此。又置马头郡。今河东有马头镇。[①]

刘宋以淮北为淮陵、下邳等郡。淮陵即清河之地连盱眙者。

萧齐马头郡属涟水界。

梁以淮南为山阳郡，淮北为二青州。清河属南青州。

陈以淮北为安州。太建中，镇南将军吴明彻克淮南十数城，因于吴城置高平郡。按，《明·一统志》：吴城在泗州旧徐城北三十里。邑《旧志》云，即治西之吴城。未是，有考，见《杂辨》。[②]

隋分淮北地为四郡，下邳、东海之间，清河未考所属。顾自三国至此三百年间，淮方数百里为战场，广陵且有"芜城"之号，而淮北可知矣。

唐初，以涟水置涟州，并置金城县。按，清河、安东俱有金城遗址。乾元中于淮北置泗州，清为涟水并涟州属焉。又曰涟水郡。后为杨行密所有，至周世宗伐取之。按，杨氏父子据淮南二十八州，封弘农郡王，国号吴。故治内有吴王庙及墓。

五季[③]，淮北有清河军，属淮南东路。

宋为泗州清河口。绍兴中，屯重兵于此。隆兴中，诏知楚〔州〕魏胜控扼清口。咸淳中，诏制使李庭芝城清口，始置清河军于大清河口为治。在今大河口镇。

金属泗州地。盖和议既成之后，划淮为界而弃之。

元以属淮安路，为县。

明改路为府。

国朝因之，所属同。

按，清河自南宋置军，后更跨淮而建邑，其地控引两河，为京省

---

① 《咸丰清河县志》认为此处有误。其文曰："《旧志》东晋置马头郡。马头郡在今怀远，盖误以境内马头镇当之。"

② 底本中未见"杂辨"内容。

③ 五季：即五代十国中的五代——后梁、后唐、后晋、后汉、后周。

百驿之冲、漕运咽喉之际，土瘠民疲而邑不可废，洵要地哉。考诸境内，若淮阴、高山、曲阳、马头、吴城，又皆古之为郡、为县者也。迩年陵谷虽易，形势尚有存焉者，因势而变，因变而通，建置之沿革有经画焉。

星野

清河在淮之北，据郡邑旧志①于分野②属徐。考《周礼》及汉《天文志》："奎娄胃徐州"，晋《天文志》："自奎五度至胃六度为降娄之次，于辰在戌，鲁之分野。"《文献通考》注："东海入奎一度。"按，此则清河在降娄之次而分野属之矣。乃邑治四乡，南过泗水一百二十里接盱眙抵山阳则亦兼有扬州之分星焉。《周礼》："斗牛女扬州。"汉《天文志》："斗江湖牵牛婺女扬州。"晋《天文志》："斗十二度至须女七度为星纪，于辰在丑，吴越之分野也。"清其以百里而并系之欤？又据《郡志》载，韩氏考清河、安东分斗，初度去极十六度接女史星。若然，则清河分属扬，不应略而止属徐矣。盖大淮横纵，占斗五度，去极十八度，接天柱星云。

按，王者封土应列星之位，其小国不中星者以为附庸，此其大略也。乃吴越在南而北次于星纪，鲁在东而西次于降娄，则分野之可疑者矣。至于割晰分度即如望极之法，直行二百五十里差一度，东海琅邪间仅百里，谓东海入奎一度，琅邪入奎六度，此可信耶？夫天道动而不变，岁差日远，苟得其理，则所以观妖祥以诏救政者，端有据焉。谨参郡邑旧志书之，以存其义。

祥异

传云：天人之际，未易言也。《春秋》书灾异，虽鸟兽、昆虫、草木必详，而特征其文，隐其义。于时与事之间，盖慎之也。清之祥异，

---

① 郡邑旧志：指明代《淮安府志》及《嘉靖清河县志》。
② 分野：指将天上星空区域与地上的国、州互相对应。我国古代的天文学说，把天象中十二星辰的位置与人间的地域分野结合在一起。这种理论，就天文学来说，被称为分星；就地理来说，则被称为分野。

亦惟从其著者志之；其不见于清、不属于清者，虽著亦不录云。

河决入淮

元泰定元年，黄河决，入清口。从三汊河东南小清河合于淮。自此，黄河南合于淮。

茶豆红花

明弘治己酉，博士欧阳映署中植茶豆，花角纯白，中二花独红。是秋，邑庠生章銮魁南省，映之子周[1]亦举于乡云。

冰结成花

正德三年冬，自清河至宿迁冰结数日，如花树、楼台、图画之状。

元旦风雷

正德六年元旦，乾隅黑气突起，雷雨大作，忽明忽晦，至巳气如炎暑。夏四月，有流贼之变，盖兵谶（chèn）云。

黄河清

正德八年，黄河自河口至刘伶台澄清五日，约六十里。

大水

正德十二年，大水，坏民屋庐十之五六，邑里凋敝，盖始于此。

人相食

嘉靖二年，大饥，疫，积尸载道，人相食。

水星贯斗

嘉靖十八年七月三日，大风起东北隅，天地昼晦二日，水星逆贯斗牛。

河决大清口

嘉靖二十年，黄河东决于大清口，南竭四十里。

大水沙田

嘉靖三十年以后，数大水，田尽沙漫，居民逃窜过半。此清河地瘠民穷之始。

天鼓鸣空

嘉靖三十六年四月朔，天鼓鸣空中，时如风树声。是年有倭变，

---

① 欧阳映之子欧阳周。

入境焚掠。

云气成城

嘉靖四十年六月，邑东南隅有云气，如列城市宫殿状，甚奇伟。

大水

万历二年七月二十四日，大风拔树、撒屋，河、淮并溢，漂官民庐舍，溺死男、妇。

大水

万历十年七月，河涨，坏民田舍，及伤溺人畜无数。

荧惑经天

万历十八年，荧惑过午经天。是年五月以前，亢阳不雨，十三日后大风雨，淮涨，漂禾麦浥烂。

大水

万历十九年，自五月恒雨至七月，淮水涨，平地深丈余，漂溺人畜无数。

黄河清

万历二十二年十一月，黄河清百余日。

土星犯斗

万历三十五年正月初六日，土星逆行，斗宿退留六日。初四日，月犯土星在斗，七月十二日又犯。是年，自春入夏大旱，无麦。五月，大雨雹、雷雨，黄淮交溢，田庐灾。

元旦大雪

万历四十年元旦，大雪深数尺。

大水

天启元年五月，淫雨，河淮交溢。水入治内，市面行舟，仅存前堤一线。

大火

天启四年正月，大火飞焰腾空，灾及官民房舍数百所。

麦秀两歧

崇祯十年，大有，麦多两歧或三歧者。

黄河浅

崇祯十五年正月，黄河清浅如小渠，人有徒涉者。

有番鸡来

崇祯十七年，有鸟群飞，类鸽而小羽，色近白，足如鸡足，有毛，人谓之番鸡。占者云："白羽群飞，疾急而有声，兵之兆也。"

邑多狼

顺治六年春，西郊多狼，白日中群行荒泽，俟俟然。行人为之结伴。

大雨水

顺治六七八年间，入夏皆大雨，水淹麦略尽，谷价腾贵。

大石浮河

顺治九年秋七月，有大石浮于河，色黑而赭，乘流急下，大不可量，舟人以梃击之，有声硁（kēng）然。

大雪

顺治十年冬，大雨雪四十余日，烈风沍寒，冰雪塞路，断绝行人，野鸟僵死。市上束薪三十钱，烟爨（cuàn）几绝。

虎见东村

顺治十三年二月，有虎见于东村，色黑微黄，眼如炬，其芒射人，伏田家柳樊间，人不敢犯。《旧占》云："虎，西方之兽。威猛吞噬，刑戮之象。"明年，邑有大狱，率东北地居人。

十月雷水

顺治十五年冬十月，大雷雨，河淮交涨，流没治南北田舍甚众。

桃李秋花

顺治十六年秋，不雨，桃李有花，是年邑有兵乱，占应见月令。

冬月龙雷

顺治十六年冬十一月，龙见，陨霜不杀草。十二月己亥，电且雷。

雨雹如斗

顺治十七年四月壬寅，大雨雹，深数寸，大者如拳，西村人见如斗者二。杀所过熟麦及瓜黍至尽。

野猪入市

顺治十八年八月，有野彘突入市中，居民刺杀食之。是年，邑有大疫，市断行人，近豕祸也。康熙三年再见，居民逐之，渡河而去。

怪风

康熙三年七月，淫雨之后，暴风四至如飓，坏官民庐舍及船只无数。安东报其地裒（póu）流之尸凡八百几十有几。

雹长一尺

康熙五年五月癸卯，大雨雹，深者数寸，伤西北隅田禾无剩，村民见至大者，围六七寸，长一尺余。老人云："雨雹长大如碓嘴，占主岁饥。"

大蝗

康熙六年夏，蝗食谷粱为害。大雨后，种稻及菽，蝗再生食之，至于草根略尽。

水气浮空

康熙六年五月旱，蝗之后赤地百里。白日间，忽见西北隅水气淼淼，在半天之上若有巨舰千帆浮空而下者，村市之人惊顾失走。知县令马夫侦之，至桃源以上犹平地也。后二十余日，河水乃涨，决桃源上下渡，淹渔沟以北；决王家营，冲没民居数百家，四境皆水。

河决黄家嘴

康熙七年四月，河决，冲没西北居民田庐数十里；三汊河以下水不没骭，涉者褰裳而行，漕艘不渡。

大水入治

康熙七年六月，从土神庙决入治，仪门内水深三尺。自明天启元年水决入治，于今五十年再见。

地大震

康熙七年六月甲申，乙夜初起如连炮声，移顷始定，崩塌官民房舍不数，压伤人口。次日又震，越日又震。

河决三义坝

康熙七年六月大雨，水决三义坝，冲没治后田庐数十里，地废人

28

逃，邑治几废。

谷（梁）[粱]冬穗①

康熙七年冬十月，陨霜不杀草，蛰虫不藏，谷（梁）[粱]再穗。癸未雷电风雨，海水入安东城。

纯阳雨灾

康熙七年，未夏至一日己酉，大雨。八年，四月朔日食。九年，未夏至一日己未又雨，皆阳弱而阴薄之，沴灾变之大者也。

雨中火焰

河决连五年，九年五月再入治，王家营、二堡、卢家渡、文华寺，皆先后而决，邑内百里皆水。其大堤决时，众见大火如球旋转，堤上火焰蓬勃。少顷，雨雹疾击，人畜号声震野。是口之夜，永兴集亦大风雨，火光灼然，□人如热。

河三决堤

是年，河水大涨，三决皇堤，流离载道，居民赖皇赈以免死②。入腊，河冰水溢，铲截村居庐舍及林木无数。

河决五堡及七里沟

康熙十年六月，河又溢决五堡堤。八月，决桃源七里沟。

梅李秋花收雷有声

是年九月，梅李有花，己巳日霜降、雷。

大风撤屋

康熙十一年六月辛丑，恶风震电，光怪异常，彻夜不息，所至坏民墙屋，扑压伤人，郡城犹甚。

大水

康熙十二年三月，河决桃源新庄口并王家营，又自新河郭家口北决堤，内外皆水，田无立苗。

饥疫

康熙十三年正月戊寅，大雷电。自此凄风苦雨，恒阴，害稼，夏

---

① 此后底本多列模糊不清，依《乾隆清河县志·点校本》辨清。
② 此处底本模糊8字，依《康熙壬子清河县志》辨别补齐。而《乾隆清河县志》因其模糊将其省略了。

无麦，人民饥，疫气流行。

大风河决入治

康熙十四年闰月戊申，大风拔树、撤屋、伤人，南湖覆溺客船人口无数。六月河决入治，田禾淹尽，民多流徙。

河决宿迁孙家塘

康熙十六年夏，大无麦，阴霾四十余日。七月河决上流，北乡淹尽。

大旱蝗

康熙十七年春，桃源民家生子无首，两目在乳，口在脐，如传所称（形）[刑]天氏状，旱之兆也；是年春秋皆旱。至十八年大旱，蝗生，食谷（梁）[粱]几尽；秋复生蠓（yuàn）食菽。既淮决王家营，水溢入治。①

康熙十九年六月，再蝗，继以淫雨，淮水陡溢，决北岸诸堤，田庐荡汩。

大寒震电②

康熙二十年十二月，湿气流行，无冰。癸未雨雪，越三日，电且雷。传云："阳不固藏，冬温而泄，水之兆也。"

大雨水

康熙二十二年四月，黄霜虐麦。五月己未甲夜，有白气数道如虹而锐，从月射出，迅倏（shū）而西，伏阴之气先见者也。次日，大雨雹，淫雨一百余日，秋菽尽淹。

震电雨雪

康熙二十三年正月，雨水蒸湿如夏。越甲戌，大风震电雨雹，深者以寸，复大雪。自此恒阴，沍寒不雨，田无麦苗。

田鼠为巢

是夏，暑酷而燥，人多喝（yē）死，田鼠结巢于麻黍之上，去地数尺。越八月，北风迅雷雨雹，继以淫雨，水溢东西郊，稼穑皆尽。

---

① 此处最后一句，底本刻版格式有误。依《乾隆清河县志》排版纠正之。
② 此后底本 18 列模糊不清，依《乾隆清河县志·点校本》辨清。

饥

康熙二十四年大雨水，麦菽不登，民皆乏食。丑寅冬春之间，大雪冱寒，烟炊半绝，村民有三五日不举火者。特奉皇恩赈米麦二千石，丁粮照灾蠲免。

中河决

康熙二十七年夏，大雨水，中河水涨，堤四决，淹治内粮田数千顷，漂溺人畜禾粮，不可数计。

三河水溢

康熙三十三年六月，淮水溢淹南乡田禾。中河溢，遥堤内田地被淹。及秋，黄河溢，南北堤外之田尽没。

按：祥异之见，非细故矣。乃见之有应有不应者，分野之所属也，或有德亦可弥焉。夫五行六气之沴（lì）时间有之，而天道变于上，人事又可以修于下。蝗不入境，虎北渡河，古今所以乐得而称道之也。清之灾，昔见于水者数数矣，而近独安澜，谓非有以弥其变者乎！①

疆域

先王疆理天下，自邦国至都鄙皆制其域而沟封之，以为阻固。井田之法，缘此而起。自秦人废封建为郡县，而疆理之制荡然；然舆曲之形、牙制之法、广轮之数，未尝不在域中。清河南泗北沭，王制所谓一遥而川伯，鄙留岁有侵略，邻人尤而效之，遂此界而彼疆焉。地益褊矣。今考旧制以明守土。

清河县境广四十五里，袤一百八十里。

东抵山阳县七里墩二十里。

西抵桃源县张家沟二十五里。

---

① 此段按语中用了两个典故。其一，"蝗不入境"是用鲁恭的典故。《后汉书》记载：鲁恭为中牟令，重德化，不任刑罚。袁安闻之，疑其不实，阴使人往视之。随恭行阡陌，俱坐桑下。有雉过，止其旁，旁有儿童。其人曰："儿何不捕之？"儿言雉方雏，不得捕。其人讶而起，与恭决曰："所以来，欲察君之政绩也。今蝗不犯境，此一异也；爱及鸟兽，此二异也；童有仁心，此三异也。久留徒扰贤者耳，吾将速反，以状白安。"其二，"虎北渡河"是用刘昆的典故。《后汉书·刘昆传》："先是，崤、黾驿道多虎灾，行旅不通。昆为政三年，仁化大行，虎皆负子渡河。"

31

南抵山阳县三角村九十里。

北抵本府旧崇河驿九十里。以上四界。

东至本府五十里。

西至桃源县三义镇三十里。

南至天长县二百一十里。

北至沭阳县一百六十里。以上四正。

东南至宝应县一百三十里。

西南至泗州一百五十里。

东北至安东县练湖屯九十里。

西北至桃源县六十里。以上四隅。

京师水程二千九百五十里，陆程二千二百八十里；江南省城^①水程五百六十里，陆程四百五十里。以上路程。

按，清河县南境抵泗州以漕嘴为界，西湾郑家沟，东湾宋家沟。古淮河由西湾出富陵湖，淮西皆泗州地；淮东自石灰沟北皆清河地。天启中，淮水由东湾，泗民欲夺其利，本县生员黄家宾诉于上，檄扬州司理陈公廷鋳踏分淮河中身为分界，东为清河，西为泗州，两地之民始贴。

又按，本县北境抵旧崇河驿，东西以沭河为界，西为桃源，东为清河。清河界内旧有爬泥荡铺在大桥北，储仓一所在南街西，社学一所在北街西。隆万^②之间，因桃人璧假铺基，积成疑案，起奸人侵并之谋，毁没界碑，贿改《府志》。康熙七年，邑民王国幹以越制吞疆上控，蒙总督部院麻严驳详看，而后割正无疑，照然定案。详载《崇河集辩》。载第四卷。^③

---

① 江南省，原为明朝直属应天府南京的南直隶，清朝入关后，于清顺治二年（1645 年）沿明制设江南承宣布政使司，即废除南京为国都的地位，巡抚衙门设于江宁府（今江苏省南京市）。清康熙初年，改承宣布政使司为行省，江南承宣布政使司即改为江南省。江南省的范围大致相当于今江苏省、上海市、安徽省全境以及浙江省北部、江西省婺源县、湖北省英山县。无论是明朝的"南直隶"，还是后来清朝的"江南省"，皆为当时全国最富裕的地区之一。

② 隆庆、万历。

③ 因底本"卷之四"之后缺少"杂辩 备遗"的内容，无法查到《崇河集辩》。

形势①

《旧郡志》②称：雄据大河之口，下临淮浦，远控濠梁，实下邳、彭城之门户，南北之襟喉也。自唐晋以来，往往驻重兵，立屯田，乘吴距楚，为控扼之势。况在近代，黄河设险，三面环抱，淮水千里朝宗，为漕运必经之地，其为形势又加胜矣。

山川

清河隰③衍之土，部娄为山即屹然湖滨者，益崧高之。余防④耳水则汇两渎之大观，通七十二山之泉脉，资于灌溉，利于国漕。其为用也，实大是古通侯之礼于境内而神灵之也。

老子山

治东南⑤一百里，一名"脑子山"。山势自嵩高蜒蜿而来，至此南面突起，传为老子炼丹之地，其巅有石色殷红，土人指为仙迹云。

霍山

在老子山南。形势起伏，一峰萃然，跨盱眙与清河之间，上有宋建东岳庙，古庙为清河南界。

仙人洞

在老子山西。洞深二丈许，下临淮水，四壁如削，宛然石室。

三台墩

墩为一邑之镇，治坐中墩，左右二墩为辅弼，左形长沆，右形圆，术家有龙盘虎踞之论。

泰山墩

治东去马头镇二里许，即漂母冢。后人因下有东岳祠，又名为太山墩。⑥今陂泽中突兀一丘，远望如浮翠。然郡治称此山为盱泗来龙至

---

① 底本此处与目录相异。
② 指明代的《淮安府志》。
③ 隰（xí）：低湿的地方。
④ 防（lè）：地脉，地势。
⑤《乾隆清河县志》改为"西南"。
⑥ 注：词条为"泰山墩"，表述语为"太山墩"，"泰"与"太"在古代常常通用。

此开局，锁两河之口，为郡城龙脉关系。水或不至滥溢者，赖有斯云。

白马墩　治西四里。

白□墩[①]　治东七里。

白鹤墩　治西北八十里。相传有二仙至此，骑鹤飞去。

凤凰墩　在老子山东岳祠北。

盐庞墩　在老子山。

黄河[②]

四渎之一。原经天津卫北入海；后南溃留城，超徐邳，乱洮、沂直下，从三汊河东南小清河合于淮，以趋海。

淮河

四渎之一。自盱眙龟山东北流经治东南三里沟，故平江伯所凿道分入通济闸，以接漕运，其委乃经甘罗城以北合黄河入海。

大清河　小清河

二河即泗水之末流，源出泰安州，经徐邳至县西北三汊口分流：一由治东北入淮，为大清河，今久淤塞；一由治前东入淮，为小清河，即今河道。但旧以泗流清于淮，故名清河。至弘治初，黄河从徐邳入本河而水愈浊，遂为黄河矣。

运河

元时故道由郡东入淮至清口，亦称险要。故平江伯改自郡西经清江浦入本县七里沟东界迤南，出三里沟达于淮，以溯河。

新河

治西北四十五里，自黄家嘴经渔沟、娘子庄、永兴集以东北达安东入海。万历二十三年为分黄而开，今久淤废。

永济河

在治东南运河之旁，自窑湾杨家涧，历武家墩，至新庄旧闸接运河四十六里。万历九年开，以备清浦险者。今久废。

---

① 中间字为模糊不清，《乾隆清河县志》将此字略去，写成"白墩"。而《康熙壬子清河县志》中为"白赢墩"。"赢"即"骡"。

② 底本中的"黄河"至"运河"大多模糊不清，依《乾隆清河县志·点校本》辨别增减，使之完整。

沭河

此沭水之支流南尾，本县北境入爬泥荡东通涟河者。今淤。

崇河

其源西接宿迁，经本邑崇和集南会沭河东通涟河者。今淤。

营河

治东北十里胡贤口北，其左右皆军营田，故名。康熙十年，河决七里沟，三汊下流沙淀，漕艘回空者由新河入营河，南经半边店出西营溯于淮，即此。

富陵河

在洪泽镇西，其源出盱眙塘山，山下冈阜重叠，溪涧萦纡，凡四十里。水自高而下，至刘家渡入于淮。

中河

自宿迁骆马湖引清水，历桃源、清河治北达安东入海，长八千五百八十五丈。康熙二十六年开以行漕，避黄河之险。

引河

自河南帅家庄逶北开小河一道，引淮湖之水注河，以绝黄水内灌者，长五百丈。[①]

南湖

即富陵、洪泽之水与淮河汇合者，地连三郡，广袤九十里。渔船所集，鱼盐商贩趋之。土客之籍，互有厚利。近日堰高水深，渔船散去，居民较贫，即舍头、漕嘴一带薪苇之利尽属望洋矣。

治西北旧有凌家湖、夏家湖、金家湖、谢家湖。东北有吕家荡、顾家荡、官亭荡，比因河决三秋，陵谷递变，旧时之竭泽又为弥望荒沙矣。

治东南旧有北萍湖、万家湖、刀秋湖，皆近淮河而各自为汇，涨则相通。自万历初年高堰工成，水不东下，千顷一渚，不辨川泽矣。

---

① 此处可弥补《乾隆清河县志》缺页之憾。

沟 附

三里沟　治东南三里入淮，今开口闸以通运。

七里沟　治东七里，旧为运口，今废，汇于湖。

石人沟　治西八里入河，因旧有（十）[石]人，故名。①

窑沟　治西二里入河。

棠梨沟　治北十八里，旧入大清河。

桥沟　治西迤吴城河南十八里。

汤家涧沟　治北四十里达于淮。按，元脱脱征张士诚于高邮，饷馈不继，太常礼仪院都事汤遵倾资接济大军粟数十万斛，因开此河达于淮以饷之。至今屡经河决埋废，遗迹尚存。不言河，言沟者，据今迹也。

双沟　治西南四十里出泗州迮家湾通流入淮，今久汇为湖。

卞家沟　马头镇西五里通于淮，久汇为湖。

拖锹沟　治西八里。

吴城庙前沟　治西十八里。

申家沟　治西南十九里。

泗沟　治东八里。或作泗口。

新沟　治西北十五里。

朱家沟　治南六里，今汇为湖。

搭连沟　在娘子庄镇南。

车沟　治北九十里。

按，周制九夫为井，井间广四尺、深四尺谓之沟，成倍之谓之洫，同谓之浍，专达于川，各载其名。然则志沟者重田事而资蓄泄矣。如涧沟者，北乡之水利也；三里沟，淮口运道也；申家沟，西南铺舍也；

---

① 元朝丞相脱脱为漕运之需，在治理黄河、运河方面也很用力。委派贾鲁治河，也有治绩。但因治河用力过猛而激反了民众，就有了个"石人"的传说：白莲教人韩山童暗中在黄河里埋了一个独眼石人，并偷偷在建筑工地上散布谣言："莫道石人一只眼，挑动黄河天下反。"在治河过程中，独眼石人被挖了出来。许多人都说这是天下大乱的征兆，治河民众本来就怨声载道，此时皆信以为真，一场元末农民大起义就这样被发动起来了。"石人"由此声名大振。"石人沟"与这个传说是否有关联？不得而知。姑且一注，以广见闻。

泗沟即泗口故晋之重镇地也；车沟，昔之废地，今之新田也。迹之存废、邑事系焉，故备载之如此。

关津桥渡

周官司险，知山林川泽之阻而达其道路；故关梁之政，以塞夷庚、通要津，王政先之，载诸月令。清河当水驿之冲，远涧大川汇为泽国，其为关梁津渡至要也，而时事虽有变更，亦王政之不可略者。

北关

本邑旧无关税，马头巡检司额设巡检一员、司吏一名，弓兵二十名，以司讥盘，即古立关之意。今弓兵裁存十名，仅以巡盐，而惠济祠后与淮口大王庙前羌设有小关。商船自南而北者，过淮关纳税，至此验票。船之自北而南者，至此登号，抵关输税。以故往来商贾，称为北关。

王家营关

商货自南而北者，于淮关纳税，至此验票，谓之验票关。

张福口关

按，本邑旧无关税，因河东闸座所在，例有部差稽查过关船料，先于口闸报单，名为北关。后因河水南冲张福庄，刷成水口，北关部差尝就近稽巡南贩小商，防其潜渡漏税侵渐，移踞河北，更立小关，综核居民日用薪米，颇为民害，屡奉宪部严禁。今张福口水道既淤，商船不能飞渡，康熙二十八年复于中河广济闸设立小关，查察商船。稽巡之役愈烦矣。

惠济闸

在马头东南七里沟。旧名通济闸，明嘉靖年建，引淮水以达漕运，后以河水南浸，闸底淤垫，康熙二十三年新凿漕河于迤南三里更建闸座，为新运口闸，名惠济。今现行漕。

永济闸

在甘罗城南、太山墩北，与惠济闸相望，亦通漕运。康熙二十四年新建。

康济闸

在治东陶家庄右，康熙三十四年新建。

广济闸

在治西仲家庄左，康熙二十六年建，旧名仲家闸。康熙三十三年改今名，俱在中河。

双金门闸

在广济闸北盐河内，康熙三十四年新建。

小闸

在双金门闸北，康熙三十四年新建。

新庄古闸

在治东北五里淮河东岸，今废。

洪泽古闸

凡三座，在洪泽镇，宋魏胜运粮至洪泽出闸入淮，即此。今湮废。

八里庄古闸

凡三座，据《府志》与洪泽闸俱在古运河内。运河坏，平江伯陈瑄即八里庄故道疏浚，以通舟楫。官厅三间，廨舍一所，在清河境内，久湮废。

新河古闸　在治东北三十里新河内，今废。

霍山涧桥　在治南九十里。

平康桥　治西。

登瀛桥　治东。

西门桥　治西三里。

汤家涧桥　治北六十里。

沙埠桥　治东南六十里，有铺。

瓦子滩桥　治东三十里。

石人沟桥　治西十里。

爬泥荡桥　治北七十里官亭镇南。

棠梨沟桥　治北十里。

洪泽桥

在洪泽镇,《后汉书》载,陈登庙祀于泗之洪泽桥,即此。久埋于水。

搭连沟桥　在娘子庄。

凌家桥　治西北十五里。

夏家桥　治东北二十里。

中河浮桥　一在治东青龙庵,一在治西双金闸治东青龙庵,一在王家营。

以上三桥俱因新凿中河阻隔行路,商民胥困,土人好义者,于各渡募造桥船。水涨则分船为渡,水涸则联船为桥,往来称便。

吴城浅　清山浅　新庄浅　季家浅　中浅　以上旧有官厅三间,门一座,系河道衙门行馆。今废。

县前渡　龙王庙渡　马头渡　大河口渡　腰铺渡　吴城渡　骆家营渡　王家营渡　浪石渡　半边店渡

八景

治何必景?而都邑皆取之,谓夫古者从游问道与登高作赋者之有取尔也。而景皆有八,若或同之。其不可以景目者,俱不载。

淮水分清

淮水南来,黄河东下,急流相接,清浊如界;至淮口合流处,二水潆旋更如碧落中,山岫云影,吞吐万状,区中一奇观也。

星墩列秀

治北无高山,崛起三阜,控锁两河,怀抱千家。春暄秋霁时,烟树苍苍,亦有登眺之乐。

丹巘晴岚

山临淮水,峭起半壁。南接盱眙都梁,龟、霍俱在眉端,历历可数,不独以仙迹为胜。

甘城晚渡

此即韩侯旧钓处也。烟波淼然,孤城西枕。渡者从城隅接流而过,片帆一叶,捷如凫荡,波中豪客骚人,每多歌咏。

漂岸渔灯

水啮岸崩，久失故地。从三洲野涨处，望渔艇纵横，芦村灯火，凸然母墓在焉。亦吊古者所流连云。

妆台牧笛

土人传为梳妆楼故址，黄土一丘而已。丘下村落绎布，聚牧不时。胜日登临，尝闻短笛声出陂泽中也。

灵祠夕照

祠三面控河，屹然如山立水上，楼阁空中。每在夕阳秋日中，南望水天，或万顷浮金，或朱霞天半，照耀眉目间，气象万千，诚一邑之胜概也。

富陵风帆

舟集湖口，非风不渡；渡则千帆相望，以远近为艨艇，疾如鸢鹭凌空，瞬息千里。

风俗

清河在昔为宋鲁之裔地，衣冠文物较夫河南有余古。嘉隆[①]以前，邑里方盛而俗特简朴。士大夫家居无楼阁，出无舆马，衣无锦绮。妇人涂行不装饰，男子遇于道，返避之。成童子皆缁撮青布衣，出入齿让，路见长者则拱立以待其过。或有不率，必为之责其父师，父师登门谢过。交际之礼，非纳采不用币，非耆艾不贺寿，而稍厚于吊丧。虽非士类，必变服携楮（chǔ）币，亲往赙奠之，仪犹约如也。岁时宴会之设，簋（guī）疏不盈，醴酒小醉，一席之费，不过一二百钱，而情谊真笃，有古风焉。然地近淮浦，其大家连婚姻、通交好者每每渐染华风，以侈相尚。习俗渐变，虽贤者不免矣。

四民之俗多耕读，然亦贵商而贱农；故里民贫，寓户多殷实者。

士风在昔尚廉耻，重然诺，修边幅。强者或侠烈负气，有西楚之风；弱者绳尺守文，近东鲁之教。大约醇谨自爱者多。其习举子业者，多渡淮渡江，从师访友；或下帷键关、结五篇七篇文会者，又比间相

---

① 嘉隆：嘉靖、隆庆，明代两个皇帝年号的合称。

交渐于文风。其后，士习日移，至以闭户读书为拙，出入齿让为迂，苏湖陈荀为老生桑榆之闻见。而巧者浮沉，豪者睚眦，好胜者以法律为诗书，深文者以雌黄为呫哔[1]，遂人各一趋，巷为一党，而士风不可问矣。虽然，十室之邑，必有忠信，勿谓习俗移人也。

农业　清之土田，沮洳斥卤，常罹水患，多欠少收。故三乡无十里之田，中农无一岁之蓄。小值灾伤，民即无食，兼以差徭积累，比田为土，布袋负累，人少得价，即典卖之，甚有白与人者。非尽惰农也。盖地逼黄河，冲沙不时，不可以筑陂塘、立涵洞、通灌溉之利。惟侥幸于雨旸之调，免蝗螟之害，以为望天收；是以农不安其为农而去。代佃者多海沭一带之流民，无地丁坊差之苦，驱牛荷耒，择地而住，谓之客户；其安土力耕者少。清河之农在昔如此，近因河流堤障，田有可耕，兼之赋役均平，人思乐业，逃者渐复而居者渐安矣。

工技　清人耕读之外，黠者托于公门，差可免累。其驽下者，惟肩佣手贩，菜筐鱼篮，以给朝夕、供徭役而已。故执艺者绝少。

商贾　清民多贫，无大商贾，商贾皆客子耳。土著之人，地方褊隘，即或为小商，多借本者。贩米于南河凤泗[2]之间，远及光州、固始[3]。其市廛中，香蜡、楮张、酒瓿、酱甕，糊口度日者，是清河之贾也。迩来门面户口豁去，夫徭烟火渐密而归市者始众。

四礼之俗质而简，间亦渐于淮俗。惟婚礼之亲迎能因古。

冠礼　古制："三加筮（shì）宾，命字教成人也。"今孺子在提抱时，辄戴帽垂缨为儿戏。其士民之冠緌[4]，视贫富为差，不用顶式，元首之间等威莫辨，非制礼之初意矣。

婚礼　自问名、纳币、请期、亲迎，士大夫之家多仿古礼，但富宦大族增饰仪文，纳币之外更用逾分首饰及羊酒果盘开盒礼物，多至

---

① 呫哔（tiè bì）：诵读。

② 凤泗：凤阳、泗州。

③ 光州、固始：皆在淮河上游的河南省境内。

④ 緌（ruí）：古时帽带打结后下垂的部分。

数十榼^①担。彼此广延亲宾，谓之看礼。亲迎之夕，婿不奠雁，不先妇车，间有行交拜、合卺之礼者。三日而后见舅姑^②，以见于庙。未三日，妇家亲属送饭以馈^③女。其他指腹为婚、换杯为聘、不待年而童养、不用选吉辄嫁娶者，里巷之民大率如是。

丧礼　士大夫家亦间仿文公家礼，而仪节多从俗尚。自初丧含敛盖棺，三日起程，用纸扎舆马侍从，僧道导之，亲友送锡锞、纸钱或盒酒，望空焚拜，如生人祖饯之礼。成服之后，立讣布，开吊行奠礼，至七七日而止。其送葬，则竞以治具为胜，牲牢、品物、刍灵、幢盖之费，多至数十金。自襄事请客，以至葬后酬客，杂用鼓乐优歌，浮费犹甚。非此则谓葬不成礼，宁至暴露不葬，累十数年犹抱痛者，往往有之。至于作佛事、延堪舆、因风水为迁延者，间有愚民贫薄之举，猥不足述矣。

祭礼　概依俗节举行。如元旦、清明、七月之望、十月之朔、冬至、除夕，各备时物庶羞，设主致祭。忌日亦如之。家礼祠堂之制，四仲之卜、特牲三献之仪，虽士大夫罕有举者。墓祭惟清明□，然或仕宦受恩荣貤^④封者，依仪注焚黄，则有加礼云。

岁时风俗　元日则书桃符，燃糁盆，爆竹于庭，更相贺岁。其辛盘中春饼、面茧粉、荔枝，唐人遗俗犹有存者。元夕，张灯会为乐，以兆丰登。清明插柳枝于门，携酒肴，郊外踏青。墓祭者，率家之男女以（住）[往]，舆马相望于野。祭毕，有即墓上饮福者。四月八日，僧尼为洗袯（fú）会。坊村男妇赴会施供，士夫之家绝无而仅有。端午插艾、戴艾。妇女饰新茧为虎，以缀簪头，谓之艾虎。^⑤以青葑裹糯为粽相馈遗。饮菖蒲雄黄酒以辟恶。是时漕艘过淮，多为龙船，竞渡于大河急流中，旗鼓上下，戏水如驶，亦一日流览之胜。七夕乞巧，

① 榼（kē）：古代盛酒的器具。泛指盒一类的器物：果榼、粉榼。
② 舅姑：古时妇女称丈夫的父亲为舅，称丈夫的母亲为姑。
③ 馈（nuǎn）：古代的一种礼仪，女儿嫁后三日娘家送食物给女儿。
④ 貤（yì）：重复。
⑤ 注：此处模糊十余字，参考《康熙壬子清河县志》辨正之。

间有行者。中秋玩月，则家设瓜果、菱藕、月饼以祭。重九蒸糕相送，好事者以米粉为二羊加之。间亦有携酒馔登高者。十月朝及长至夕，皆祀先祖。至日则更相贺，惟士大夫行之。腊月八日，以糯米杂果豆煮粥食之，曰腊八粥。二十四日用饧饼茶果祭灶。自此以后，亲友彼此馈节。至除日五更，扫积庭院，举狼烟，示除旧更新之意。入夜，阖家人团坐小饮，曰守岁。此太平风俗之大略也。

按，纪事之书，莫详于《禹贡》。《禹贡》纪山川不纪风俗，非略也。山川为风气之萃，而俗变于人，化成于教。视乎有以移易之耳。清之风俗，尝有不醉而哗于市、一豚而讼于公者矣。自月吉讲约之典行，乡人亦知自好，而昔之浇漓①者一变焉。

城池

清河旧城在大清河口，宋咸淳九年，淮东制司李庭芝筑。元泰定初河决，治迁因甘罗故城。明末再迁，亦因之加女墙，设垛甓三门。今治亦旧有土城，系至元十五年兵乱修筑东、西、北三面，周围六里，门三座，南枕小清河，明末犹存旧址。

里甲

里以统之，联其情也；甲以分之，辨其族也；里甲之设意微矣。清河旧有四乡，编四十里。明嘉靖间，编为二十里。今存十五里。

吴城乡

旧编二十里，后并十里，今存九里。

移风乡

旧编四里，后并二里。今与怀仁乡共为一里。

怀仁乡

旧编三里，后并二里。今与移风乡共为一里。

金城乡

旧编一十三里，后并六里，今存五里。

---

① 浇漓（jiāo lí）：意思是浮薄不厚，多指社会风气浮薄。

清河之里图，何以寥寥也。没于水者几乡，出没于水者几乡。县无全乡百四十年矣，无全里者近八十年。驯至于里无全甲，甲无遗丁，而虚已甚矣。于是，里虚并里，甲虚并甲，（犹）[由]十年一巡递为里长以应。一里之差，包赔无已，加之漕米收头亦然，里之日见其废宜也；而县且将随之以废。向者屡请废县不获，变而为废里存甲之议。革去里长，止用甲长分办地丁，民以为便。奉凤抚张饬行勒石，详见《艺文》志"碑记"。知县管钜又革去漕米收头，公募厮夫照丁分户，严禁包揽；有一人之地丁，输一人之正供，各不相扰，亦不相累。故吴城乡七里之外，新增二里。是昔之不忍其废而废者，今则不期其增而增也。除害即所以兴利，洵然哉！

坊市

前街 治前。后街 治后。

平康街 治西。登瀛街 治东。

桥东街 治东。御史街 治东。

察院巷 治东。城隍庙巷 治东。

仓巷 治西。关帝庙巷 治西。

庙市口 治西。仓市口 治西。

学前市 治东。桥口市 治东。

河南新市 正德间知府薛公銮为招抚逃民而设。构庐舍，立市肆，发廪损租，给牛散种，弛湖征，通商贾，编牌甲，流民翕然归业，人烟辏聚，遂成大市。后以高堰既筑，大水陡涨，尽倾于湖。

绥来坊　　　劝农坊

新市通衢坊　　招商集贾坊

即次怀资坊　　淮北通衢坊

新市坊 以上七坊俱在河南新市，同废。

进士坊 二座。一在清江浦界，为石渠立。一在治西，为杨清立。

登科坊 在治西，为杨清立。

经元坊 在治西，为举人章銮立。

镇集

序曰：沧桑之以时变也，地灵之以人变也，岂独小聚哉。清之大河口，重屯也；马头，大郡也；吴城，旧县也；涧桥，通津也；洪泽，剧驿也；今非昔矣。即壬子之编，距今二十余年，而盛衰迥异。存废不齐，守土者但不以一隅置之。

马头镇

治东五里，近淮阴故城之地，为今漕运出入要道。旧为马头郡，今有马头巡检司。原与天妃坝、新庄闸为河东三镇，人烟辏聚称盛。明末兵燹（xiǎn）之后居民鲜少，因当水陆冲烦，卒难复旧。

大河口旧镇

治东北十里，原本县旧治之所。治迁之后，居民恋土成聚，犹数百家为镇，后骎骎鸟散，仅存小庄数处，星缀河干而已。

吴城旧镇

治西二十里。宋绍兴三年，罢楚州吴城县为镇，即此。旧有东西吴城，皆坊市成聚；今惟南岸土著者一二十家，为小村落尔。

渔沟镇

治北四十里，为南北陆程孔道。千家之聚，版籍居多。士农各世其业，旧家遗俗犹有存者。近以虚市绎布，商贩归之，农末相资，民多生殖，而旧俗则有间矣。传为本邑旧治之所，未有考据。

浪石镇

治北三十里，旧浪石渡有水道通海口，为境内尾闾之地，近以水流淤垫成沃壤。其地北连渔沟，南通王家营，为过客腰站之地，昔年以水冲镇废者，今复小聚云。

王家营新镇

治东北三十里，与清江浦分河为界，由陆路入京孔道，士商雇役车赢必出于此，为本邑辐辏大镇。顾坊店、牙埠，率南北流寓之民，土籍者十才一二。昔年以河决东迁，衰落过半。康熙二十七年大水冲镇，坊市庐舍尽崩于河，知县管钜谋迁于地势环抱不当河冲者，得异籍之业地一区，购之不得。亟请于督抚两院并巡道胡公，均得准行。乃自捐官俸三十金购之；不足者，乡民杨麟捐资焉。三十二年，水复冲镇，又请于河院，伐去近堤官柳九千余树，然后地定而民复聚。不三月，廛市森然，仍大镇矣。此亦清之金盏地，藉管侯之力，破而复完者云。

娘子庄旧镇

治东北五十里。镇北五里许有鲍三娘居址，传有梳妆楼，乃金皇统间事，未详其实。

永兴集

治东北八十里，旧与娘子庄同镇，田故高腴，多邑中大姓聚族而居，有竹木果园之利。自王营河决娘子庄以当冲废。此集地远新淤，北通涟沭，农商竞集，土著有力者市利甲乙渔沟。

涧桥旧镇

治北六十里。镇西有汤家涧河，旧引涟沭二水，以通南北舟楫，民利其济，历久埋塞。其地军民分界为业，军田十七，民田十三；其间因河决沙漫，弱肉强食者，莫敢与争；故土籍之民，日就衰敝，镇集归于屯军。

官亭旧镇

治北九十里，旧名崇河集。明初都金陵，此为山东驿传中道，设爬泥荡铺，建有官亭，故名。其地北接沭，西接桃，东距安[1]，南通爬泥荡桥，多鱼蒲之利。自河决地淤，黄白之籍迁著东南新滩，恋本土者数家而已。其西北界铺基久为桃人欺占，宪勘昭然。今经迁镇，应存旧镇地名，以备考据。详载第四卷《疆域考》及《崇河集辨》。[2]

新滩集

治北八十里，俗称小房，在旧官亭镇东南。康熙十七年，河决黄家嘴，变溪荡为平原。官亭居民不忍远徙者，胥宇近地，率迁于此。其东为包家冲河，通安、沭、海州、伊山一带，村落绎布，通贩柴粮，联数百家为小聚。新迁之民，非有故居世业，恋土难移，向年以镇差之繁北去海沭者，十室而三。知县王登龙加意招抚，乃复聚云。

---

① 此句意为：北接沭阳，西接桃源，东距安东。

② 注：因底本缺少《杂辨、备遗》，无法查到《疆域考》及《崇河集辨》。

洪泽旧镇

治东南六十里，滨淮河。古南北大道设洪泽驿及巡检司，盖剧镇也。自高堰筑后，黄河复屡决入淮，湖水泛溢，全镇俱没水中。所余高阜数家寄生浮梗，非舟筏不行，其镇已废。

老子山镇

治西南一百里，与盱泗接壤，土人负山而淮而居，从无水患，且渔船之利广于众淘，稻塍①之乐夹于二涧，苏徽大贾亦于此招贩鱼盐，多置田宅，黄白之籍昔尝互盛，近以高堰之水郁不东注，洪湖南涨，淹及山下阪田，居民汲于麓下稻塍、鱼利皆失过半矣。

镇集之废也，固废于水而亦废于夫。清邑旧例，黄河急流夫加培。夫厂之不足者取足于各镇集，先派门面，次及村庄，或离县数十里而应一夫，或一夫而迁延数十日，镇集以为苦。自邑令管钜荏任以来，严革之，并无一夫及镇集。而镇集之民始之有乐土矣。

公署

甘棠一时之甜也，而南国且歌之、思之；况乎临民之所为、政教之所自出者耶！钱谷于此综焉，形名于此理焉，簿书于此核焉；是则庇吾民而修养之，而吾民之称兕②献豜③求，一跻而达其情者也。君子攸宁，当不啻竹之苞而松之茂矣，甘棠云乎哉。

清河县治自宋咸淳中立为军，治大清河口。元泰定元年因河决，县尹耶律不花请迁于甘罗城。天历元年，达鲁花赤哈麻又以地僻水恶，居民稀少再迁小清口之西北，即今县治。至正间毁于兵。洪武三年，知县孔克勋即旧治重建。正统元年，知县李信圭增大之。弘治间，知县朱海重建。明末为乱兵焚毁，知县周必强复请迁治甘罗城，即山清④分府为署。

---

① 塍（chéng）：田间的土埂子，小堤。

② 兕（sì）：酒器。

③ 豜（jiān）：古代指三岁的猪；亦泛指大猪、大兽。

④ 山清：山阳、清河二县的合称。

清河县知县李用质仍即旧治①修葺，历续（僧）［增］建。康熙二十一年，知县马元增造抱厦三间、六房②十二间。二十七年，知县管钜增建退省堂三间，署内书房、寝室、庖厨等房二十六间。③

公署旧制

正堂　三间。抱厦　三间。典史厅　三间。右库　一间。戒石亭　一座。六房　东西各五间。承发司　三间。架阁库　三间。马政科　二间。盐库　一间。仪门　三间。寅宾馆　三间，仪门西。土地祠　三间，仪门东。养马厩、监房　七间。前门　三间。谯楼　一座。知县宅　三间，在正堂后。东西厢房　六间。门楼　二座。书房　二间。寝室　三间。后亭　三间。庖厨等房　六间。县丞宅　在正堂西。主簿宅　在正堂东。典史宅　在大门内西。吏舍　共二十五间，正堂东南。旌善亭　三间，大门外左。申明亭　三间，在大门外右。祗应房　三间，在大门左，总支应以待过客。

此公署旧制也，何以书？所以明旧贯而冀兴复也。戒石，古制励官箴也；祠土神，明守土也；寅宾馆，以求贤也；丞簿以下廨左右翼，示佐治也；科司房舍间四十有五，分执事勤在公也；库于堂左，无私也；狱于门右，从秋令也；旌善，劝也；申明，广听也；祗应房，待过客也；牧厩，理驿政也；邑事于是乎备矣。制乌容略。

察院　在治东百步许。明洪武三年，知县孔克勋建。顺治十年，知县杨必昌修。康熙十二年重修。被水圮废。正堂　三间。抱厦　三间。工字厅　一间。后堂　三间。门吏房　三间。皂隶房　六间。二门　一座，二间。大门　一座，共一间。浴房　一间。湢所　一间。④官厅　三间，在大门外，明嘉靖四十三年建。

河务山清厅同知公署　在甘罗城内，后厅署移于郡城，本县增设管河县丞一员即此为署。

公馆　去治南二里河南岸。正德十一年，御史张仕隆委同知杨浩

① 旧治：指"明末为乱兵焚毁"的"小清口西北"原县治。
② 六房：县衙六房与中央六部相对应，分别为吏房、户房、礼房、兵房、刑房、工房。
③ 此处模糊20多字，依据《乾隆清河县志·点校本》辨别补齐。
④ 湢所：浴室。

招抚逃民，建此。经画措置，出自知府薛鋆。东西列民居，中立馆。今久湮废。

清口驿　旧在治东五里，明洪武四年建。弘治间为淮水冲啮，迁于治西二里。嘉靖初，复建治东一里。皇华堂三间，厢六间，大门三间，廨舍全。今久圮废，其丞僦民舍以居。

巡检司　在河东马头镇内。明洪武三年建，官厅廨舍全。今久废。

通济闸　在河东，明宣德间建，官厅廨舍全。

中河闸　在治内。

税课司　在治南，明洪武五年建。今久裁废。

阴阳学　旧在治南，明洪武十七年建。今废。

医学　旧在治东，内有惠民药局，明洪武十七年建，今废。①

僧会司　在兴国教寺内。

道会司

学校

清河之治三迁，学亦三迁。共汔②于废者数矣。夫学为风化所自端，贤才所自出，文物所自起。虽甚盛德不能易焉。而隋唐之际州县之学或废之，或兴之。废兴之间，盛衰致之也。然盛衰存乎其人，学顾可略哉。

清河县儒学自宋德祐元年立于大清河口旧县城内。元泰定元年，河决迁治甘罗城，学亦随建。至正十五年毁于兵。明洪武二年，知县孔克勋改创于小清河口县治东南二百步。正统五年，掌县事知州李信圭修。天顺五年，都察院司务邑人王圭捐资置材木，知县卢宁、主簿徐鼎重建大成殿及两庑、戟门、神库等房。山阳金铣记。成化三年，提学御史陈选、知府杨昶、知县王高重修。都御史翁世资记。弘治十五年，都御史张缙、知县刘慧增大学门，作泮池而桥之。邑人杨清记。正德九年，提学御史张璿委县丞范忠建棂星门、讲堂、号房而学制乃备。嘉

___
① 内有 8 字模糊，依据《乾隆清河县志·点校本》辨别补齐。
② 汔（qì）：接近。

靖四十一年，知县吴宗吉修。隆庆六年，都御史王宗沐行县，命知县张惟诚修。天启元年，河决，学宫湮废。三年，教谕高崇谷迁于旧基之西北数十步，以远河患。四年，建先师殿五间、棂星门三座、戟门三间。六年，教谕阳纯继建东西庑各五间。崇祯元年，教谕江道振建明伦堂于殿之东南，学门三间，自门至堂筑甬道，培土山于河之南岸当面。四年，教谕王守谦建映壁于棂星门外。

国朝顺治六年，教谕阎补宸新两庑神牌，植柏于庭，深泮池，中甃①桥为神道，门外树栅，以属映壁。康熙十七年，知县王登龙、教谕吴征重建启圣祠三间，西庑五间。十八年，吴征捐资增建尊经阁三间、门楼一座，造魁斗像于阁上。二十四年，知县马元、教谕吴希古因火毁启圣祠，雨毁东庑，重建如制。二十七年，知县管钜、教谕吴希古重修明伦堂，高培阶级、甬道，以达仪门。三十年，大修先师殿并戟门、神道、泮池，环桥三座，甃门通水，树坊表，道拓其左以达棂星门。撤旧更新，一如鼎建。

先师殿　五间。东西庑　十间。戟门　三间并神道。棂星门　三座。明伦堂　三间，并月台、甬道。大门　三间。尊经阁　五间。门楼　一座。敬一亭　今废。

启圣祠　三间。名宦祠　乡贤祠。新增草署六间　教谕洪芳喆捐建。

旧有神库神厨六间，日新、时习二斋六间，讲堂三间，号房二十间，会馔堂三间，义路、礼门坊二座，聚奎坊一座，俱废。

尊经阁旧制三间抱先师殿后而东西两形其狭隘者也。或曰："地在玄武，必高大弘阔，然后有利于学。"计增修五间，费不资而工不能举。康熙三十四年，知县管钜、教谕洪芳喆重建而学之规模益备。

奉部宪题定清河为中学，文生员每科岁考取各十二名。康熙二十八年特奉皇恩，江浙两省广额，清河增四名，共十六名。

武生员每科岁考取十二名。

廪膳生员二十名。

增广生员二十名。

---

① 甃（zhòu）：砌。

清河，弹丸邑。远溯前贤，亦尝魁天下矣；即科目，亦代不乏人；特未有落落如今日者也。岂古今人遽不相及哉？抑亦不能争自濯磨？故至此。学既更新而人当思奋，不得不于后起者有高望云。

射圃　内有观德亭一座。在学东北半里。

学田　草场六十四顷，在三里沟，濒淮水。明嘉靖三十八年，知县郭琳置。万历四十三年，知县杨长春复，久沉于水。康熙二十八年，知县管钜清丈五十八顷五十一亩七分。内：河工栽柳、飞絮生柳、砍草济工三十四顷三十四亩，临河滩荒水淹一十九顷三十三亩，草地、熟地四顷八十一亩。康熙三十三年，教谕洪[①]清查实存草、熟地四顷七十四亩一分八厘四毫。

社学　旧设十七所。

东社学　在儒学东北百步。

西社学　在兴国寺右。正房　三间。门　一座。

吴城乡社学　五所。

金城乡社学　三所。

移风乡社学　四所。

怀仁乡社学　三所。

社学，古家塾之遗教之本也。邑《旧志》载，清河社学，十有七处。问其地，虽长老不能对，盖古事也。知县管钜甫莅任，慨然有兴复古社学之意，谋之教谕吴希古曰："地虽废，教不可废。"乃先即学宫之尊经阁为馆地，聘诸生之优于文行者为塾师，教其子弟之贫不能学者。自出俸钱以资馆谷，岁若干。复以教谕吴希古董其事，日有课，月有校，季有考，岁有赏。拔未逾年而试诸督学，乃十拔其五。邑之委巷多读书声，弦歌之化，于清邑再见焉。邑人有记，载"艺文"志。

崇正书院[②]明隆庆五年，邑令张公讳惟诚立，旧为庵，将废。公下

---

① 洪芳喆。

② 此后底本 14 列模糊不清，依《乾隆清河县志·点校本》辨清。

车改为书院，额曰"崇正"。院内立号舍二十间，考选诸生二十人，课读其中。立斋长二人为领袖，中有讲堂，公日至，擘签讲书，背课诵。三六九日会文，必批评等第。命题赋诗，或检故事相与质问。时或漏下二鼓，二人前导，步至书院，察夜读之勤惰，以示赏罚。置院地一区为园，园丁二十人。设书院老人董其事，供其膏火饮馔。或有因事罚赎者，亦令具书院纸笔膏火。每课日，邑中荐绅，或学博、丞尉，或耆民皆治馔呈送，以副公意。诸生贫者，赡其家；病者，佐其药；□不能娶者，为之完婚。有丧，则率诸生共为经营。课业时尊如严师，平时色笑则家人父子。以故造士有成，宗山、陶成德、汪如淮、吴璜，皆一时知名之士，后先鹊起。不三年，公调汶上去。书院仅存。天启间，以其地变价云。

临川书院　在渔沟镇。康熙三十二年，邑令管钜建渔沟，离县四十里。士民辐辏，邑之大姓居焉，其子弟多向学者。亦有向学而力未能者，公思有以造就之，乃建书院三间，列楹二十二间。延士之文行优者为之师，令群姓子弟就学其中，季一往考其成焉。一时，士民感之。公颜其额曰"临川"，志不忘也。有记，载"艺文"志。

书院学田三顷，居民葛永瑞义捐田粮，公议开除岁计所出，为延师、修葺之用。

仓储

积贮，天下之大命。为天下计，则岁漕藩郡以实京师、系人心。推之一邑一乡，莫不皆然。故储仓者，井田之遗也。秦汉以来，唯此余古。故境内漕仓之外，预备仓所在有之，后遂废焉。然魏有平籴法，汉有常平仓法，宋有社仓法，明有义仓法。或请于上，或行于下，择其人，董其事。更复社学，为之教养，则所以赞化、理示、教劝者，功非小补也。

漕米仓　在治西半里。洪武三年，孔克勋建。东廒十间，西廒十间，官厅三间，门屋一间，碑亭一间。

按，清河县漕米仓廒建于前明洪武初年，地址库湿，历久倾圮。每遇征收漕米，则先期科派里甲，修葺垣屋，糜费不赀，漏浥未免。

所谓补苴之计，救一时而不足者也。后至倾毁，不可收拾。计举而营建之，而多阻于物力之艰难，未遑也。不得已分贮于各坊祠庙，附近民居，奸弊滋多，稽查不便。康熙二十六年，知县管钜初莅任，即捐前俸购材鸠工，于旧基清厘加培三尺，重建一新。不费民之财，不劳民之力，而规制悉备，邑人有记，载"艺文"志。

水次便民仓　四处。天顺七年，因四州县兑军粮米耗费不便，于本县治西度地二十余亩，建立仓廒。今皆废。

海州仓，赣榆仓，安东仓，沭阳仓。右（以上）四仓，各有官厅三间，门楼三间，牌楼一座，廒十四间。

预备仓　四处。洪武三十五年，知县郗贵建。天顺七年，知具卢宁重修。今皆废。东仓，吴城乡浪石（保）[堡]内。西仓，吴城乡安羊堡内。南仓，移风乡高秋（保）[堡]内。北仓，金城乡渔沟（保）[堡]内，或考在崇河集，见存遗址。

盈宁廒三十间　在治东。洪武三年知县孔克勋建，今废。

预备仓，国制也。历朝《会典》：府、州、县以积谷多少为考绩，殿最违者有罚。备荒之政，莫善于此。其外有社仓，则令本土里民以二三十家为一会，相与共力而成；一人主之，二人副之，月一会。上等之家出谷四斗、中二斗、下一斗，入仓。遇荒，则照《会典》之例酌量贷赈，白于官不籍于官；白于官示其非私，不籍于官便于私也。更立社学，以教本里之贫子弟，取其仓之积谷以为社师之廪脯（fǔ），非贫不与焉，非其社不与焉，法良善矣。

清河县志卷之二

祀典

序曰：百里视古诸侯国礼，诸侯祀境内山川，明乎职之所有事也。且馨香肥腯以隆其祀，则人和而神降之福。壝[1]以依之，庙以貌之，异制焉；丁用柔日，戊用刚日，厉用常日，异时焉。无非因义准礼以教民敬，其以整肃人心而资化理者，岂微渺哉！

坛壝

社稷坛　旧在县治河南岸三十步。明洪武九年，知县陈立本改于置于治西北半里。神门四座，神厨三间，神库三间，宰牲房三间，洗涤牲池一口。今俱废。

风云雷雨山川坛　建置同上，门（扁）［匾］曰南坛。神门三座，神厨三间，神库三间，宰牲房三间，涤牲池一口。今俱废。

邑厉坛　旧在治西一里。洪武九年，知县陈立本建。弘治十五年，知县刘慧迁于治北半里。坛制俱备，祭文石一通。

按：坛之制，备载国典，崇贵有度。四出陛各三级，坛下四周缭以垣。外有墙壝之，为言"依"也，神之也。礼制俱存，对越不远。其所以楼神灵而邀肸[2]享者矣，至明且备焉。

祠庙

先师庙

启圣祠

---

① 壝（wéi）：古代祭坛四周的矮墙。

② 肸（xī）：振动，散布，传播。

名宦祠

宋安抚使知清河军史钦。

明清河县知县孔克勋。

明清河县知县喻有立。

明湖广蕲州知州兼知清河县事李信圭。

明清河县知县方文。

明清河县知县刘慧。

明清河县知县郭郓。

明清河县知县陆琳。

明清河县知县石存仁。

明清河县儒学教谕俞缙。

明清河县儒学教谕李继祖。

国朝清河县知县李用质。

总督江南江西军务兼理粮饷、兵部右侍郎兼都察院右副都御史加二级傅公讳腊塔，满洲人两江总制宫保大司马清端 [①] 于公，康熙二十年莅任，冰心映月，铁面凝霜。德泽旁流，兆姓沾濡乎化雨；纪纲整肃，百僚钦式乎高□。□绥静而刁斗无哗，厘剔严而豺狼俱遣。财赋纾东南之民命兮，刀晏江海之涛声。圣主方倚夫台衡，苍生遽悲乎箕尾。固宜昭垂国史，以著一代特出之股肱；尤当各载邑志，以展没世不忘之爱戴。

盐城县知县署清河县事马化蛟谨识

乡贤祠

隋潭州总管隋张斋。

明广西阳朔县知县汤子厚。

明交趾道监察御史王衍。

明湖广武昌府知府王德芳。

---

① 清端：康熙皇帝赐给去世的两江总督于成龙的谥号。

明工部都水司员外王圭。

明江西瑞州府通判段泰。

明山东按察司廉使石渠。

明浙江布政司参议杨清。

明玉田王府教授王佑。

明鸿胪寺序班王通。

明吏部左侍郎兼学士赠礼部尚书丁士美。

明陕西商州同知署商州事周文炜。

明岁贡士陈世美。

明生员汤日升。

国朝户部河南清吏司主事陆腾骏。

按，《江南通志》载：清河乡贤遗隋潭州总管张斋，缘《淮安府志》误分"斋"作"文渊"二字，故失考。

城隍庙　治东半里。明洪武三年，知县孔克勋建。

关帝庙　治西半里。明天启二年重建。

淮神庙　治东二里。《旧志》载，明武宗南狩，旋至徐州，神著灵异，上问："衣红衣者何官？"神对曰："清河淮神送驾至此。"因赐额，春秋祭焉。正德三年重建。

大王庙　四处。一在运河口，顺治十一年遣太常寺少卿高景致祭，康熙十年遣礼部尚书常鼐致祭。一在治东百步许。一在通济闸。一在洪泽镇者废。

惠济祠　在旧新庄闸口。明正德三年建。武宗南巡，止跸祠下，顾瞻久之。嘉靖初，章圣皇太后过此，赐黄香白金，礼献之，敕赐额"惠济祠"。

九龙将军庙　在运河东岸，天启五年敕建。

张将军庙　在运河口。

薛将军庙　治东二里，康熙七年建。

晏公庙　在洪泽镇，今湮废。

耿公庙　在治西十里。自淮神至耿公，皆水神之能捍患而灵赫者，或专祀，或配享，俱春秋致祭。

马神庙　原在治西南坛之右，历经河决湮废。顺治三年，知县李用质更建于县署之西，春秋致祭。按，《周礼》：春祭马祖，夏祭先牧，秋祭马社，东祭马步。马祖，天驷房星之神；先牧，始养马者；马社，始乘马者；马步，神为灾害马者也。今祭略载神号，故标出之。

土神祠　一在治内，一在治西，康熙十一年重建。

吴王庙　据邑《旧志》：在老子山。郡《旧志》：在治南六十里。明永乐六年重修，缺其姓名。按，《通鉴纲目》《五代史》：唐乾符、文德间，杨行密为淮南节度使同平章事，后天复二年封吴王，据有淮南寿、泗、盱、涟等二十八州。是时清河并涟州属泗，为行营之地。今治西十五里有吴王墓，墓西有吴城，则吴工之为行密，审矣。①

淮阴侯庙　按，宋苏轼有《淮阴侯庙铭》曰："宅临旧楚，庙枕清淮。"则庙当近淮阴故城淮水之岸。今旧庙无考。

甘韩祠　旧祀甘罗、韩信于淮阴故城上西隅，肖像致祭，明万历末犹存。今废。

陈元龙庙　按，《后汉书》及《郡志·淮安文献考》：陈登，下邳淮浦人，后世称为伏波将军，庙祀于泗之洪泽桥。时清河隶泗州，故云泗之洪泽。久湮于水。

烈妇祠　旧在治西如意庵内，祀节妇赵氏。自吴王至烈妇，俱旧有祠祀，久废不修。乃名贤世迹，女士芳名，苟有传闻，不敢没焉；特著之，以待君子之修举云。

丘墓 附

韩母墓　在韩信城下半里，与漂母墓相对。按，本传②："信母死，贫无以葬，然行营高敞地，令旁可置万家邑。"后淮阴③筑邑于此，即其处云。

漂母墓　《寰宇记》："信为楚王，为母立冢以报德。"即今泰山

---

① 此前点校《乾隆清河县志》，因字迹难辨，将"吴王墓"误辨为"吴王基"，特此纠正。

② 本传：韩信本人的传记。见《史记·淮阴侯列传》。

③ 淮阴：淮阴侯韩信的代称。

墩也。

吴王墓　按,《旧志》为五代杨行密葬处。万历中有盗其墓者,掘深丈余,见石板不可下,乃复旁穿一穴,闻穴内有车马喧阗之声,俄有黑气冲出,触目以瞽。至今墓顶中陷如尼丘。然明《一统志》又载:行密墓在仪真县西七十里。未知孰是。再考《纲鉴》:行密子渥于昭宗天祐二年嗣为弘农郡王,国号吴。则吴王为密、为渥,孰清孰仪,未有明据矣。

史安抚墓　在渔沟镇南一里许。即宋安抚史公钦,祀名宦者。至元间卒于官,葬此。旧有石碑,经水淤,尚存遗迹。

兵御

序曰:古者寓兵于农,教而用之,不与民二也。前明正统间,令各县招募民壮,盖古之遗意。其后罢为乡兵,为快手,乃递行丁编、粮编之法。丁编法行而逃故滋多,不如征银募充之为便。

民壮一百二十名。　即乡兵

本县旧编籍一百二十名,分为三班。一班在官守城。二班归农,后拨为护送过客并河下吹手之役,累至破家,相率逃窜。至嘉靖末年,乃定为岁编四差之一,编银八百五十二两二钱。本县存留五十名,以二十名供本县差役,三十名为应付吹手工食,共给银三百六十两余。准《赋役全书》通融支给。

教场　治西二里许,操练乡兵之处。

清口营

明天启间,白莲妖人作乱,淮地戒严,于清口设官兵五百七十员名防守。南保淮郡,北援宿邳,名清口营。后因乱平撤回,洒派各处。

河营

康熙十八年,总河靳[①]大筑河堤,题设土兵驻防,裁岁修夫工食银

---

① 总河靳:河道总督靳辅。

充饷给之。清河境内计堤工五千余丈。外河①北岸土兵一百九十四名，千总一员统；南岸土兵一百七名，把总一员统之。中河土兵九十八名，把总一员统之。里河土兵一百名，把总一员统之。以分防各工堤岸并供砍刈柳草之役。

河防

河之为清邑患甚矣，岂防之所能御哉！原隰之区，土脉水迅，斗啮不时。千夫之功，积沙三百丈，日费万钱，遇激流如沃雪矣。不如导之法耳。顾徐邳以东，百川横流，散漫民田庐间，不一收拾，则水不由道而漕不利民，不田防之为功，当不可少也。今据新防②书之，以备问水之略云。

大河遥堤

北岸旧有太皇堤，自明万历初河决崔镇，桃源以下故渠多浅，因筑遥堤为束水冲沙之计，起古城迄清河长一万八千四百余丈。其后河身淤垫浸高，堤势坍废。康熙八年，河决三汊口，明年决五堡、二堡，水入治内为巨浸。总河罗③乃自桃源界起，东至龙王庙，皆因旧址加筑高一丈、面二丈、广阔六丈、长三千三百三十四丈。计程十八里半。十七年，总河靳④又自龙王庙起至四铺沟止，接筑四千九百三十八丈，计程二十七里半。其县前玉皇阁一带地势当冲，题定桩埽要工五百余丈，岁加修缮。又自桃源东界至石人沟止，筑缕堤一道，长一千八百六十三丈，计程十里三分五厘，派本邑民夫三百名修防工程，并无工食银两。

南岸遥堤自桃源县东界起至本县烂泥浅止，长四千二十五丈；又筑缕堤一道，自桃源县东界起全山阳李家浅止，长五千三百余丈。

中河遥堤

境内凿河道八千五百八十五丈，北岸筑堤自桃源东界起至山阳西

① 外河：黄河。

② 新防：新的河防工程。

③ 总河罗：河道总督罗多。

④ 总河靳：河道总督靳辅。

界止 ①，计长七千七百九十一丈。又于内筑撑堤一道，南北建闸四座，派拨本邑民夫八十名在工修防，并无工食银两。

护县堤

自县西娘娘庙起（自）[至]县东龙王庙止，长七百九十六丈六尺，计程四里三分。

按，汉贡禹疏云：凿地数百丈，泄阴气之精，不能涵气出云，生育万物，必有水旱之灾。本邑境内，穿凿南北河道亿万丈，岁发徒众兴工，地面毁裂从衡 ②，所谓"玉盏之地，破不复完"者也。其护县一堤，系前朝旧令石公子璞 ③ 之遗制。筑者不设涵洞，每遇夏秋集潦，无从疏泄，仓廩民舍半浸水中，有经东不涸者。知县管钜捐俸购材，于治北设涵洞一孔，每雨涝，即北泄中河，县治始奠矣。

减水大坝

在蒋家场、王家营之间，因河水冲刷北岸，土弱易崩，居民屡苦迁徙。总河靳 ④ 建立减水大坝北达中河 ⑤，共长一百丈，上造浮桥，下通水道，名鸡心孔，一百有三座。

天妃坝

黄河东岸自惠济祠起，南接甘罗城，乃黄淮汇流要害之处。砖石堤工共长四百八十二丈，派本邑民夫一百二十名岁修工程，并无工食银两。

束水三坝

在河南新运口内，因运口南接淮水，直泻易溢，乃审势于上流折流分流，地面递建三坝，收束水势，以利漕运，派本邑民夫三百名岁修工程，并无工食银两。

中河两岸束河堤

康熙三十三年筑，束水以防外溢。

---

① 包括下中河即后来所称的盐河，当时王家营以东地域与山阳县接壤。

② 从衡：纵横。

③ 前朝旧令石公子璞：明万历年间清河县令石子璞。

④ 总河靳：河道总督靳辅。

⑤ 中河：此处"中河"指"下中河"，后称盐河。

按，岁修夫，清河旧设共三百一名，每年额给工食银四千三百三十四两，虽派地丁，实同召募也。自康熙十七年裁去岁夫，将工食银改给河营兵饷。二十年复岁夫不复工食，又累加至八百名，分工南北三河力役，檄于本邑地丁钱粮起派；是以枵腹之民责其驱公赴事矣。田少役重，曾不加之恤，既白役之而又远调之，竭十余里之民力应数千金之夫差，在民之负痛而不敢疾呼者，惧违宪也。隐忍苟延，计一岁之夫费，强半于正供，鼕鼓声闻，未有不张皇失措者。且近役在县，尚得寝食便安；隔河远调，则宿露饭沙之不免。乃其中有名在籍而人不在工者，亦未必不徒滋中饱耳。康熙三十四年，奉行分月减派，自正月起至四月、十月起至十二月派夫四百名，其五月至九月，仍照八百名全派以防水涨。但秋夏水涨之时更系农忙之时，计田起夫而夺其耕耨①，势难两全。或者，土兵亦王民也。既夺岁夫之食，亦可均岁夫之差。况土兵原为河防而设，无农事之劳，暂借协役以宽民力，正情理之允当者。否则改造旧额仍复三百一名之工食俾供役之夫得沾赡养，是则清民日所冀望者也。

新河旧堤

明万历中，因分黄之议开新河以利漕运，自桃源黄家嘴起历本县渔沟镇、娘子庄、永兴集达安东界。一河两堤，河堙后，堤有存废。

旧运口堤

自旧运口南岸筑束水坝一座，越通济闸而北迤窑湾一带至季家桥山阳界止，工长七里有半。

新运河纤堤　东西二道。

清水墩堤

堤自文华寺以东南至七里墩止，修造板工八百六十三丈，以障湖水东侵，所以利漕运、护郡城也。

柳园

北岸一在力家庄，一在吴城地方。

按，先年黄河冲决不时，必需草柳为埽以塞之。草柳不足，科派

① 耨（nòu）：古代锄草的农具。

地丁；科派不足，以至于望青采取，甚且及于花果杂树。舟车交运，仍有验收诈勒之费。其为害于沿河州县也，至矣。自柳园设，无事蓄之，有事用之。十数年来，并不取民间一草一柳。境内村庄复有园林之盛者，赖以此云。

驿递

清口旧称水驿，设立船号水夫应付使客。后改应马、养马之差，先年轮派里民差使，易于用威，诛求无状，故乡村之民，不惜多金，雇役马户，马户多市井无赖子弟，每每得钱，浪费干没肥家，故马不充厩，差多辄逃，因而更觅马户加贴马钱，至于撤田屋，鬻子女，以一马破一家而不足，民命不堪。奉国朝甲令，监牧在官，一切浮费，减十之半，而官亦未免负累者。盖本县额马七十五匹，每匹马价一十五两，岁支草料银二十八两八钱。清邑地当极冲，马差烦逻（tà），有一日至十数差，一差至二三十骑者。不益副马则马不足供差，更益副马则料不足供马。以故清邑之马，每不蕃息，重以倒毙，脱差越站，驰驿之事，往往有之。且清河旧设三驿，并于清口，豫抚又题罢中州，应付总归东路，水陆舟车之会，夫马之差日繁一日。厂夫旧额四百名，今额二百三十名，夫额虽减，遇差多则加银雇役，坊市村落之中尚可催办。若马少，则在官革帮马之征，在民禁私马之畜。夫差遝至，徒手何支？设或年遇灾伤，钱粮蠲抵，本驿应付额银尽待命于藩司之拨补，详请题复，有旷日积年而后发者。乃马不能一日无草料，夫不能一日无工食，过客不能顷刻缓供应，不得不加息乞邻补疮，剜肉以救目前，而犹岌岌乎其不免者，此固冲驿困敝之明验也。因考山阳驿额马一百匹。是驿递之冲烦均同而额马之数悬绝矣。为清驿计者，即不能比驿山阳，亦必稍为议增，然后疲驿庶可整耳。

清口驿 第一等极冲

一、本驿额设馆支廪粮七百两，自康熙二十九年起，每岁核减三百两。

一、本驿差马七十五匹，马价银一千一百二十五两。

草料银二千一百六十两。

添置鞍辔、修理棚厂等项银一百三十五两。

一、水夫一百六十名，工食银两千三百四两。

一、旱夫七十名，工食银一千八两。

共银八千五百一十二两。内有滨河失业遵旨察勘二案，永免银四百三十六两，每岁在于藩司拨补。

旧有海州协济银四十五两，久不给。

沭阳县额设清河浅夫三十五名，每名工食银十四两八钱，今除荒淹停征外，实征银二百四十一两四钱九分，亦不给。

按，《旧志》清河夫差原与安东、沭阳朋共应付。安东县应夫四个月，自五月起；沭阳县应夫五个月，自九月起；清河县应夫三个月，自二月起；遇闰月则三县同差共事。各设夫厂于三官庙东，以佐二官一员统之。彼时犹念清邑贫小，派海州协济银五百三十四两，鹿邑协济银三百四十两，汇贴清河，以供应付。后安沭不肯朋差，巧为营脱，改为协济银两，其实银不抵差，遗累清河一县。

本朝定鼎之初，更定夫差旧制。专以安东贴清河，四六朋应。每用夫至千名以上，清河出六百名，安东出四百名。自顺治二年以后，每遇调发归旗经过大差用夫千名者，俱奉宪牌差提派定夫数，差官押解清河，分旗应付，遵依在案。

康熙二十三年九月，奉旨回京大兵，照船只大小额给纤夫名数，每百里一站，每名给银一钱，动支地丁钱粮依数折给，不许擅派民夫，遵依在案。

康熙二十四年六月，奉总督王宪牌，凡兵船过闸，听各船纤夫自行协力帮挽，不许借名索派民夫，以滋扰害，遵依在案。

铺舍

县前总铺　在县前大门西。

甘罗铺　治东十里。

申家沟铺　治西南十九里。

鹿墩铺　治东南二十里。

沙埠桥铺　治东南六十里。

娘子庄铺　治北六十里。

香稻庄铺　治北八十里。

爬泥荡铺　治北九十里。

《旧志》载铺舍十四处，内有蔚家庄、赵家庄、乔家庄、陈家庄、黄家庄等铺，俱省。其香稻庄与小金城同为一铺，共设铺兵三十名，岁额工食银二百一十六两。

恤典
养济院

治东。洪武七年建。弘治五年重建于县北后街西。

孤贫住房四十间。今废。

孤贫月粮银岁额九两。今裁。

孤贫冬衣、花布银岁额六两。

漏泽园

治北治西二处。

按，旧制：无告之民病故者，给槥瘗之①。生则给赋钱有差，稽口大小而给之米薪，按冬夏季而颁之布帛。恩何渥欤？盖天地好生，无不欲养之人，无不欲济之困。圣人则体天地之心而行之者也。至于泽及枯骨，文王之政有先焉者矣，漏泽之义大矣哉！

古迹
何志乎古迹？其人其事千古，故其迹亦千古。思其人，传其迹；或不必思其人，亦传其迹。而有取乎古今兴亡之概焉，则信与疑俱传而不敢没焉。曰：有由来矣。

淮阴故城

治东南五里许，秦置。《水经注》："淮水东北经淮阴故城。"韩信微时，钓此城下。宋节孝先生有《登淮阴故城·诗序》可据。又传为

---

①《乾隆清河县志》底本难辨，点校本中此句的辨别有误，应以此处为准，特纠正之。

甘罗城，云秦甘罗筑。雨后尝于城土中得小钱如小指面，上锐下圆，其幕平，篆文不可识，人呼甘罗钱。

韩王庄

世传韩信生此，与八里庄相连。据《郡志》，清河南口旧有洪泽、八里庄二闸，近韩王庄云。

韩信城

与淮阴故城相近。《寰宇记》云：信封侯后筑。

吴城

治西南二十里，在大河北岸。东西二城相向，遥隔五里。宋绍兴三年，罢楚州吴城县为镇。自此经兵城废，此其故址。《旧志》指为高平郡地。与《一统志》里程未合，有《吴城考辨》[①]。

金城

治北七十里，旧为镇，有驿。其城不知所建，或云唐初于涟州置金城县，此其遗址。按，安东亦有金城，传为金轮王所筑云。

鹰城

在大河口故城西，又名丁谓城。相传丁谓曾贮鹰于此田猎，因名。

安娘城

治西北三十里。《郡志》[②]载："西仓在安羊（保）［堡］内，娘作羊。"未知孰是。亦有城址。

邗沟

郡邑《旧志》载：治东十里自龟山镇后至八里庄淤塞不通，微有故道云。按，杜预《左传注》："吴人于邗江筑城穿沟，东北通射阳湖，西北至宋口入淮。"清河濒于淮，在春秋时属宋，所谓邗沟即此。但龟山在盱眙境内，去老子山西南二十里，《旧志》云去治东十里，误。嘉靖《郡志》作"邗沟失考"。[③]

---

① 因底本"卷之四"缺少"杂辨 备遗"的内容，无法查到《吴城考辨》。

②《郡志》：即《淮安府志》。

③ 此段文字难解。《天启淮安府志》在"古迹"之"清河县"项内记载："乾沟：治东十里自龟山镇后至八里庄淤塞不通，微有故道，俗讹作邗沟。"这样就好理解了。

漂母岸

此秦漂母浣絮布之所，在淮阴故城南。唐崔国辅有诗，见《艺文》。[①]

韩信钓台

近漂母岸，同在淮阴故城下，临淮水，今湮废。郡城西钓台特立碑以表之耳。[②]

胯下桥

去淮阴故城半里许，即韩信微时为少年所辱处。今湮废。

千金亭

近胯下桥。韩信既封楚王，召所从食漂母，赐千金。后人筑亭以表之。今废。

洪泽馆

在洪泽镇。唐皇甫冉题诗馆壁，有"年年淮水上"之句。按，本邑洪泽镇旧有驿，为渡淮大道，诸名人题咏颇多。采见《艺文》。

董字碑

在淮口大王庙内。西湖洪吉臣记，华亭董其昌跋并书。书法特妙，人争拓之。

铁鼓

在河东惠济祠内。口径二尺四寸，高三尺二寸，薄三分，虚底，击之作鼓声。明洪武初庙器也。

寺观 附

玉皇阁　在治西一里许。明崇祯十一年建。

东岳庙　在马头镇东二里。一在霍山高峰之半，为清河南界。

天仙行宫　治西二里，明正德四年建。康熙七年，平南王世子俺哒公尚之信舟渡吴城，梦游仙境，见宫阙巍严，灵光独立。问土人知有天仙庙，进谒，一如梦中，乃捐俸百金，饬本县典史金紫绶督工修

---

① 此后至"东岳庙"，底本模糊字较多，参照《乾隆清河县志·点校本》底本辨别补齐。

② "郡城"，即淮安府城（淮安府驻山阳县）。《乾隆淮安府志》记载："今郡城朝宗门外漂母祠旁钓台，乃明万历间郡守刘公所建，以表遗迹，非果当日淮阴侯钓处也。"

葺。有记。

三官庙　治东一里许，明嘉靖二十一年建。

火神庙　一在治前，一在治东，明万历六年建。

陶许庙　治东，明万历元年修建。

清源祠　治西半里、明天启五年建。

兴国教寺　治东半里。元皇庆间，僧果林有戒行，能文辞，建小庵以居，赐名兴国院；元统初改为寺。明洪武元年，僧宗宥重修。

上真观　治东半里。明永乐间重建。昔称灵境，羽客幽栖。正德初年，游此观者尚有"古桧、修篁、石床、老鹤"之语，以纪其胜。考见《友竹诗序》。

文殊院　治东北一里许。明崇祯间，僧非数募建，至请古严和尚说法。后久渐倾颓。传与门人地文。康熙三十三年重修，为本邑胜境。

地藏庵　在治东半里许，明万历间建邑之艮隅。旧有线河以泄通境之集潦，形家以为害气，建此镇之，以锁水口。

延寿庵　在治东北一里，康熙二十四年建。

永福庵　治前，明万历九年建。

观音庵　治东，明崇祯十二年建。

准提庵　治西一里，明崇祯八年建。

极乐庵　在治西，即崇正书院旧址，初为如意庵者。

铜台院　在娘子庄，金皇统元年建。昔传白鹤墩为本院仙迹，有记。

崇福院　在洪泽镇。传为本镇古刹，不知建始。

常住院　即皇住院，在官亭镇东北境二里许。明太祖微时，曾寄迹于此。及有天下，乃召主僧赐之田而修院。今久湮废，犹存石础、石圾。

元帝庙　在官亭镇北界，万历二十一年建。

天妃庙　在官亭镇北界，万历四十年建。

青龙庵　治东北十里许，在中河北岸。

户口

昔浮梁吴公志清河户口，为之踌躇（阁）［搁］笔。清河在嘉靖之末，户六千三百，口四万一千，犹小聚矣。而序称"编民之系于籍者，日就流离"，则何见之早而虑之远也。百年以来，田日堙废，徭役不时，民去其乡，如出阱谷而康衢之。虽有召母，不能据陂（bēi）泽而厝（cuò）之衽席也。夫人情恋故土，土厚则民聚；聚而安之、养之，系属而固结之。生以族居，死以族葬，谓之土著。岁一登，下虽中黄，不敢漏焉。若清河久不编审，丁耗额亏共载于籍者，名也。耄者、废者、走四方而沟壑者、骨已朽者，皆俨然系版图，而赋口钱则于现户取足矣；即所谓九则编银，据一日之贫富。而昔富今贫、昔贫今富，苦乐殊不均；然则均丁田曷可缓乎？兹乃除逃亡、补幼丁、核贫富，则与丁符。固行之一时而善行之百世而善者也。

明景泰三年，户五千五百四十六，口四万五千九百三十七。

弘治五年，户五千五百二十，口四万二千七百二十五。

正德七年，户五千五百四十四，口三万九千七百四十。

嘉靖四十二年，户六千三百，口四万一千二百。

隆庆二年，户口同。

万历元年，户四千四百四十四，口一万一千七百五十九。

按，隆庆二年距万历元年才五载耳，四万之丁口倏余一万，彼三万焉往哉？考高堰之工始于隆庆六年，讫于万历元年，堰成水溢，自新市至洪泽六十余里，清之人为四方之人矣。

天启四年，户四千一百一十七，口一万六千六百六十六。

崇祯八年，户四千八百六十五，口一万六千九百二十七。

国朝顺治三年户口：一万二千九百四十九丁。

康熙三十年户口：九千六百二十五丁。

原额户口人丁一万二千九百四十九丁，内除原旧逃亡人丁三千一百四十七丁，实在人丁九千八百二丁。共审丁徭银四千五百九十九两四分，内原优免人丁二百二十四丁；续奉文吏承不免，乡绅举贡生员止免本身一丁，实优免人丁一百七十七丁，免银一百七十七两七钱五分。不准优免人丁四十七丁，银一百九十三

68

两一钱五分，裁解充饷。实在当差并不免余丁九千六百二十五丁，共编丁徭银四千四百二十一两二钱九分。又带征□额银三百七十两九钱。查前订全书，旧额人丁一万二千九百四十九丁，原征徭银六千九百六十六两八钱五分七厘一毫七丝三忽，节因人丁逃亡共三千一百四十七丁，失额徭银二千七百三十八两七钱一分七厘一毫七丝三忽，于原额田地之内摊带银二千三百六十七两八钱一分七厘一毫七丝三忽，又于人丁内带补额银三百七十两九钱补足，共编徭银四千七百九十二两一钱九分。外，遇闰之年除优免并不准优免丁银外，于实在当差丁徭银四千二百二十八两一钱四分，每银一两带征银一分八毫五丝三微二纤二沙二尘五漠五埃，共征银四十五两八钱七分六厘六毫八丝一忽二微三纤。

按，清河户口自景泰三年开载四万五千九百三十有七，至国朝顺治三年仅存一万二千九百四十有九，编审之银六千九百三十六两七钱二分，则仍景泰时四万六千之旧额，是丁减而银不减者也。节因差繁役重，人丁逃亡，现存户口九千二百八丁，失额鞭银三千七百两。除田粮摊带二千三百六十两，余银总累现户包佃。夫清河地瘠民穷，百金之产，伯中无一。九则编银，多者二三两，少者四五钱。杂办差徭一倍五倍，正鞭之外，又佃遁亡、物故，更加补额摊代之银，则以一丁而纳三四丁之条鞭，富者安得不贫？贫者安得不逃？康熙三十年，知县管钜深知其害，设法编审。实核得某某里甲富，某某里甲贫；某某里甲之丁多，某某里甲之丁寡；某某里甲之逃亡包赔，某某里甲之幼丁隐漏。逃者、亡者除之，重者减之，轻者增之。于是清河无无鞭之丁，亦无无丁之鞭，而丁始均矣。至于粮上带鞭，先年援丁田并征之例。夫丁田并征者，以田地膏腴、土著人众、力农人多，故有田即有鞭。鞭银少，每丁一钱二钱，三分五分，人人易办。清河田地卑薄，数逢水患，民无恒产而轻去其乡。有田者率不自耕，而代耕于海泗一带之流民。民一顷之田，分收不过五十亩，而若夏税、若秋粮，若九厘地亩饷银、若升科、若河工，供应夫徭，浮于正额数倍。且有近河淹漫不时之田、飞沙斥卤不毛之田以当正供。夫役之差，已苦不足，而又代逃亡之鞭银二千三百六十八两，则田粮加重，未免有蚊负之虑矣。

差徭旧累 ① *存前志*

江南役法，旧行十段锦册；隆庆以后，乃定为一条鞭。其法：盖取宋人雇役之意，因户定则，因则征银；当官雇役，役无指名，所以行久而称善。日后外派复多，银差、力差、贴差、代差，种种役名而浮费日甚。先年，地方飞差、里甲大差，有农民管库，大户养马，批头、里长总管钱粮；一差牵十数人、羁数岁不至，破家荡产不止者，已经宪革。而夫差烦递，多从地丁起脚，名为额设而数不抵差，辄有加派，名为招募，更巧立为借备、为摊代名色。而黠者脱差、强者抗差，辄少征而多派，少至数百，多至数千。一夫之费，有过一两以外者。在山、桃、邳、宿诸州县，商贾凑集，人烟众多，千夫之差派诸坊市、镇集，咄嗟而办，人若不闻。清邑贫小，一遇大差，则泥门罢市，道路捉人，呼号之声，彻于中夜。百夫所聚，老弱杂其中；千夫所聚，癃病杂其中；更多以千数，则衣冠子弟、乡村妇女什有三四而空国役之矣。乃其中有折夫，有虚夫。虚夫所谓黠者脱之，强者抗之，多派少征也。折夫则派夫而折银，以备前站过客之需索也。弊例相沿，有吞声忍痛而不敢问者。以故山阳丁鞭每正供一两，杂办不过数钱，清河则三四倍之。皆差徭累之也。大法小廉，厘剔殆尽，犹陈其旧事，志之以见清邑贫寡之由云尔。

按，清民之贫，贫于夫差。往年赋出于田，役出于丁，清河丁少差烦，故民多流徙。近准历朝会典，因赋定役，归重于粮为丁田合征之例，此即前朝所行一条鞭法也。会典所载，人以土断，有丁无粮者编下户，有丁有粮者编中户，丁粮多者编上户，当时人安土著邑无迁民。此法已称善而无弊。即近来清河之丁之无田者多去其籍而糊口于四方，实以丁徭重不复思故土也。丁既无徭则闻风复业者，必众人满而土无旷，一以集众，一以劝农。因赋定役，诚为成法之可守者。昔年编审久停，现丁累于逃亡。每正鞭一两，加纳补额银一两三钱有零；故丁益逃，鞭益缺。今于版户寓户严厘清审，版户自十六岁起，无论绅士乡氓皆入编，隐漏奸脱者悬以重罚。共得人丁九千六百二十五丁，

---

① 底本此处与目录相异。

70

编银四千五百六十八两八钱五分。而逃、故、老、废则并汰之，死不累生，亡不累存，籍无中黄，差无瘝废；愚者无啙窳[1]，奸者无兔脱。异户之愿入版籍者，合之；仍愿流寓者，别之。编审之则，中者什三，下者什七。合版异户一以例之，无畸重也。其于从前之弊例，积害尽为之清剔焉。

地亩

原额田地四千六百五十一顷三十一亩八分六厘零。嘉靖旧《全书》分注：实在小亩时田九千一百七十七顷八十九亩二分零，续丈增田地一百九十一顷七亩五厘六毫，内除滨河失业地二顷八十一亩二分五厘，实在田地四千八百三十九顷五十七亩六分七厘零。又筹饷清出隐漏田地一百三十顷三十三亩五分八毫。此系一则升科，均入大粮。又兴屯丈出余田三百四十顷七十七亩三分三毫。

以上原额并续增田地共五千二百七十四顷六十八亩四分八厘零，内除康熙三十二年奉旨察勘挑河、栽柳、堤占三则废田四百七顷七十二亩九厘六毫，实在熟、荒、水三则田地，共四千七百三十六顷六十二亩八分七厘零，内熟地一千九百八十三顷七十九亩一分二厘九毫零，荒地一千六百一十四顷九十一亩五分八厘三毫五忽，水地一千一百三十七顷九十二亩一分七厘三毫七丝七忽。

按，清邑当三河之冲[2]、七十二山泉之汇，地势卑洳，陵谷不常，河沙易淤，激流易涤，兼之岁时旱涝不齐，田之肥瘠增减每多迁变。屡奉宪檄，清核隐漏田地，苟当亢岁涸流，湖河之滨岂无遗亩？不移时而（潢）[黄]流浸之，决水漂之，千顷且一壑矣。安敢以一时之退滩，下勒主佃，上欺朝廷哉。昔彭韶奏疏云：民田尺寸或溢于数，然岁旱则资污下补高仰，潦则资高仰补污下。为天下计，应不与小民寸寸计较耳。今清邑额田之外，一丈增，再筹饷，三兴屯，又加额六百

---

① 啙窳（zǐ yǔ）：恶劣，粗劣。
② 当三河之冲：处于淮河、黄河、运河（中运河）的冲要之地。中运河之水来源于骆马湖。黄河灌泗夺淮期间，骆马湖承接的是泗水和黄河水。

余顷。升科纳赋，谓之隐漏。非隐漏也，江北淮属之田，大率皆有折数，或二、或三、或四不等。即《周礼》所载"一易再易之"，古制"宽典以厚下"者也。握算者必执部省京田之数，勾股核之，虽无余亦有余矣。即如屯田一案，当事胶于四千八百四十二顷之大数，委官丁理，遍躏民田，共丈得一万四百余顷，仓卒报宪，随即割裂村落，任置屯庄；有尽一姓之田、庐、林、墓尽圈其中，勒逐地主他徙者；有得贿（那）[挪]移，朝王而暮赵者；一时人心惶迫，号声载野。前官具情再请，不获，去。知县管钜初莅官即誓神安民，慨然以清屯自任，遍吁各宪，五驳五详，继以泣诉前后文案计盈尺余，其略言："田有等分，亩有折算。清邑田地九千六百八十四顷，乃数百年相沿，准之淮属十一州县不相悬绝者也。《全书》所载四千八百四十二顷者，乃京田二折之数，实应得小亩时田九千六百八十四顷。较之山阳四折一者，不足一半。若凭屯官妄报之数，以七千二百顷还民，三千三百顷入屯，是三分抽一，以夺民之世业也。盖清河旧额田粮五千八百有零，近日由单开载加至一万五百。使更去业田三分之一，则税粮无从出办，逋欠必多，里甲必至逃废。且河院原行止开河湖滩荡之余地拨入屯官，而丁（理）[里]私用小弓，积尺累寸以算民地；又不除道路、庐墓、堤占、挖毁并长河柳园、水坝等地七百九十二顷，借题诈嚇；欲使户户为隐，处处可屯而后快者，必非宪台益国利民之本意也。恳求宽一着以苏万民，省一屯以全数里。俯准卑县实在清出沟涧、河滩、水漫、沙淤之地三百四顷七十七亩，照旧额起征。上以益国，下以安民，小邑幸甚矣。"后几月奉诏，以粮田、余田各给原主，现今开垦无主滩荡亦给于原开垦之人，照例起征。嗟乎！饮水者必思其源，今日清人田尔田、宅尔宅、长子孙而不去其乡者，谁之力与？丘垄，儿孙不敢忘所赐矣。

　　按，清河田地旧有熟、荒、水三则，熟地之粮倍于荒，荒地之粮倍于水。在当日则壤定赋法有固。然乃邑坐河濒，数百年来，沧桑几变，其昔熟而今水，昔荒而今熟者，非按籍可稽也。于是成熟之田多隐射于水荒，而真荒真水反输熟田之粮，不无偏重之累矣。知县管钜历任以来，凡清河之积弊无不周知，以为粮之不均，由于田之不清起，清其田而均粮如反掌也。乃于康熙二十九年先期汇颁弓式，严责丘头细稽地亩。分计一户之地若干，合计一丘之地若干。亲历各乡当面掣丈。丈逾册数者，没为官屯。一时奸谋消沮，人人各报余田。自一顷以至数顷者，皆照亩科粮，不追往罪。由一丘以至百丘，合为一县地亩之成数，摊以每年支解之实征。强者无多地，弱者无重粮；富者夺其兼并，贫者豁其包赔；而（那）[挪]移影射之弊永革焉。邑人感其德，有"均田""均粮"记，载"艺文"志。

贡赋

井田废已千载，势不可复。自汉以后，经国计者大率以贡法为准。贡者辨其地与职之所有而厘之一成之法也。数百年来，咸奉为周官矩度而不可变易矣。但租出于田，清之田大半水沙，不能成熟；而旧额勒之计书者，有正供，有代鞭，较他邑为畸重耳。且陵谷迁徙，时而有粮无地，时而有地无粮，偏苦又不免焉。非均地均粮本任土作贡之意而神明之，清之贡赋几无以善其后也，食德者敢忘所自哉！

一、本县共征地丁银一万五千三百一两七钱七分三厘六毫五丝零。

一、代征给军漕赠伍银二百一十五两二钱七分四厘五毫零。

一、征正改兑耗起运本色漕粮四千二百六十□□一升五合八勺。

本县原解布政司转解四部折色银两：

一、户部项下折色：

派剩马房仓麦二十二担五斗一升六合六勺零。每石折银一两。

农桑丝绢二十八匹一丈三尺九寸零。每匹折银七钱。

京库折色马草五千三百九十三包零。每包折银三分。内除沭阳代解开后。

农桑折绢价垫银六十一两二钱九分七厘零。此项原系徐州协济代解。

本色银硃四十五斤十两五钱零。每斤折银三两。

九厘地亩银三千四百八十九两九钱一分零。

一、礼部项下折色：

大尾牝①羊五只。折价十二两。

光禄寺蘑茹②一百五十斤。折银五十二两五钱。水脚银五钱二分半。

苍术九百三十斤。折银二十四两八钱零。水脚银二钱四分零。

牲口银七十两八钱四分。水脚银七钱八厘四毫。

一、兵部项下折色：

备用马价银内除庐州、安东、沭阳代解外，本县找解银四百二十二两一钱九分四厘零。水脚银七两五钱九分零。

变卖马匹草料银一百三十二两。水脚银一两三钱二分。此项系盐城县代解。

一、工部项下折色：

营缮司料价银二百九十两五钱零。水脚银二两九钱五厘零。

营缮司砖料价银六十两。水脚银六钱。

虞衡司胖袄五十九副。每副折银二两七钱。

虞衡司共箭三百九十二枝。每枝银一钱。内安东县代解二十二两。

都水司黄麻一千七百八斤一两。每斤价银二分二厘。

都水司白麻五百六十六斤二两三钱零。每斤银三分。

都水司翎毛一万五千五百六十六根。每百根价银四分八厘。

虞衡司翎毛银二两三钱九厘零。水脚银二分三厘零。

都水司匠役衣装银十两二钱五分八厘。水脚银一钱三厘五毫零。

以上各项，奉部文裁解布政司转解户部充饷。本县解司转解户工二部。

一、户部项下本色：

甲字库银硃一十五斤三两二钱零。每斤价银九钱，共银一十三两六钱八分零。铺垫银一两六钱七分二厘零。

一、工部项下本色：

白麻一百二十一斤三两八钱零。每斤价银三分，共银三两六钱三分七

---

① 牝（pìn）：雌性的鸟或兽，与"牡"相对。

② 蘑茹：蘑菇。

厘一毫零。铺垫银七钱二分七厘四毫零。又，脚价门单银一两四钱一分九厘零。

一、河道桩草除堤废实征银三十三两八钱一分六厘零。

以上系载旧《赋役全书》。

本县额征解支款目：

额征地丁、屯田、升科、漕赠、席片等银，共一万五千五百一十七两四分八厘一毫五丝（系）一忽三微一纤七沙三尘六渺六漠一埃六逡三巡。

一、起运地丁项下：

地丁、颜料正垫除堤废实征银八百一十八两八钱一分二厘五毫四丝四忽九微五纤六沙三尘八渺三漠九埃一逡六巡，应解布政司。

裁扣充饷除堤废实征银一百八两三分三厘三忽五微九纤五沙七尘七渺九漠八埃五逡三巡，应解布政司。

原裁加添月粮除堤废实征银一十六两九钱九分一厘九毫一丝三忽七微三纤九沙二尘五渺七漠九埃四逡三巡，应解布政司。

牧马同地租银七两九分七毫五丝，又水脚银七分九毫七忽五微，应解布政司。

班匠银三十八两七钱，应解布政司。隐地升科银一百七十七两八钱七分五厘六毫五丝七忽四微五沙九尘六渺六漠四埃，应解布政司。

屯田、升科四百三十三两一钱七分三毫七丝一忽八微八纤九沙六尘八渺二漠九埃，应解布政司。

一、各案新裁项下：

省存水脚全裁充饷除堤废实征银五十二两三钱四厘五毫，应解布政司。

酌议捐省案内除堤废实征银三百三十二两六钱九分八厘八毫二丝三忽五微七纤一尘六渺八漠四埃七逡二巡，应解布政司。

请裁可缓等事案内除堤废实征银一十七两七钱九分一厘三毫八丝二忽八微四纤二沙三尘一漠七逡，应解布政司。

暂移存留等事案内除堤废实征银四十六两六钱八分二厘九丝九忽六微二纤五沙一尘八渺四埃五逡，应解布政司。

请旨酌量等事案内除堤废实征银一两二钱七分七厘四毫三丝二微五纤四沙四尘五渺一漠一埃八巡，应解布政司。

请停岁贡等事案内除堤废实征银二十三两七钱二分五毫七丝八忽六微九纤二沙二尘五漠四埃七巡，应解布政司。

拨协邳州缺站银除堤废实征银一百七十二两六钱八分五厘八毫一丝二忽八微七纤九沙二尘五渺四漠九埃七逡二巡，应解布政司。

敬陈减差等事案内除堤废实征银二千五百九十九两九钱六分五厘一毫八丝九忽二微九纤九沙四尘六渺四漠七逡九巡，应解布政司。

一、随漕项下：

常盈仓本色麦银二十二两五钱，应解督粮道。

常盈仓折色银一十八两，应解督粮道。

河道桩草除堤废实征银三十三两八钱一分六厘五丝六忽九微八纤三沙三渺八漠二埃二逡五巡，应解高堰厅。

凤阳仓麦折除堤废实征银二百八十三两八钱九毫二丝四忽七微七纤三沙六尘九渺一漠九埃，应解督粮道。

凤阳仓米折银除堤废实征银五百七十五两四钱九分七毫五丝二忽一微三沙五渺五埃，应解督粮道。

新增轻赍车盘席易银五两八钱一分四厘，应解督粮道。

随漕轻赍除堤废实征银三两四钱二分九厘七毫一丝八忽二微三纤五沙七尘九渺三漠五埃，应解督粮道。

扬州仓麦折除堤废实征银八两九钱五分二厘三毫二丝八忽八微五纤五沙五尘一渺六漠六埃，应解督粮道。

淮安仓麦折扣解减存丁船月粮除堤废实征银一十一两三钱三分三厘五毫九丝三忽二微七纤五尘八渺三漠，应解督粮道。

原裁加添月粮拨补大河卫缺额月粮，除堤废实征银三十九两六钱四分七厘七毫三丝二忽七微九纤三尘九渺二漠三埃，应俟本府给文付旗领给。

淮安仓运审行月一半折色麦银除堤废实征银二十三两一钱四分九厘八毫八丝四忽九微五纤五沙七尘三渺三埃，俟本府给文付旗领给府全书废田缺额月粮银一十四两三钱九分九厘九毫九丝九忽九微八纤，应解督粮道。

淮安仓本色月粮麦除堤废实征麦一百二十石四斗七升三合三勺六抄一撮六圭九粟八颗四粒一黍五稷九禾四秭①，每石五钱照漕规折征共银六十两二钱三分六厘六毫八丝一忽三微四纤九沙二尘七漠八埃七逡，俟本府发领给旗实征给□漕赠伍银二百一十五两二钱七分四厘五毫七丝五忽九纤五渺九漠六埃六逡六巡，应解督粮道。

实征席片银五两六分三厘二毫八丝四忽四微六纤四沙五尘二渺三埃八逡三巡，解督粮道。

一、留存俸工项下：

知县俸银除堤废实征银四十二两六钱九分七厘四丝一忽六微四纤五沙九尘六渺九漠五埃儿逡八巡。

门子工食除堤废实征银六两八钱三分一厘五毫二丝六忽六微六纤三沙三尘五渺五漠一埃五逡九巡。

皂隶工食除堤废实征银五十四两六钱五分二厘二毫一丝三忽三微六沙八尘四渺一漠一埃七逡三巡。

马快工食除堤废实征银四十五两五钱四分三厘五毫一丝一忽八纤九沙三渺四漠一埃三逡七巡。

民壮工食除堤废实征银二百八十四两六钱四分六厘九毫四丝四忽三微五沙八尘九渺四漠三埃五逡。

灯夫工食除堤废实征银一十一两三钱八分五厘八毫七丝七忽七微七纤二沙二尘五渺八漠五埃三逡五巡。

看监禁卒工食除堤废实征银二十八两四钱六分四厘六毫九丝四忽四微三纤六尘四渺六漠四埃三逡一巡。

斗级工食除堤废实征银五两六钱九分二厘九毫三丝八忽八微八纤六沙一尘二渺九漠三埃六逡八巡。

伞轿扇夫工食除堤废实征银二十八两四钱六分四厘六毫九丝四忽四微三纤六尘四渺六漠四埃三逡一巡。

府学教授膳夫工食除堤废实征银三两一钱六分二厘七毫一丝二忽

---

① 秭（xǐ）：碎米。

一微九纤八沙一尘八渺九漠一埃二逡七巡。

　　主簿俸银除堤废实征银三十一两四钱一分九厘三毫二丝九忽七微一纤三沙一尘四渺六漠六埃一巡。

　　门子工食除堤废实征银三两四钱一分五厘七毫六丝三忽三微三纤一沙六尘七渺七漠五埃八巡。

　　皂隶工食除堤废实征银一十三两六钱六分三厘五丝三忽三微二纤六沙七尘三埃一逡七巡。

　　本府税锞司大使俸银除堤废实征银一十一两三钱八分五厘八毫六丝八忽一微八纤一沙二尘九渺六漠四埃三逡五巡。

　　典史俸［银］除堤废实征银二十九两九钱六厘九毫五忽六微一纤五沙一尘三渺二漠四埃四逡三巡。

　　门子工食除堤废实征银三两四钱一分五厘七毫六丝三忽三微三纤一沙六尘七渺七漠五埃八巡。

　　皂隶工食除堤废实征银一十三两六钱六分三厘五丝三忽三微二纤六沙七尘三埃一逡七巡。

　　儒学教谕俸［银］除堤废实征银二十九两九钱六厘九毫五忽六微一纤五沙一尘三渺二漠四埃四逡六巡。

　　斋夫工食除堤废实征银三十四两一钱五分七厘六毫三丝二忽八微六纤四沙八尘一渺八漠四埃六逡三巡。

　　膳夫工食除堤废实征银一十二两六钱五分九毫七丝四忽九微八纤六沙二尘四渺五漠七逡九巡。

　　门斗工食除堤废实征银二十两四钱九分四厘五毫九丝一忽六微七纤二沙八尘三渺四漠四埃一逡四巡。

　　马头司巡检俸［银］除堤废实征银二十九两九钱六厘九毫五忽六微一纤五沙一尘三渺二漠四埃四逡六巡。

　　巡检皂隶工食除堤废实征银六两八钱三分一厘五毫二丝六忽六微

六纤三沙三尘五渺五漠一埃五逡九巡。

弓并工食除堤废实征银二十八两四钱六分四厘六毫九丝四忽四微三纤六尘四渺六漠四埃三逡一巡。

天妃闸闸官俸〔银〕除堤废实征银二十九两九钱六厘九毫五忽六微一纤五沙一尘三渺二漠四埃四逡六巡。

清口驿驿丞俸〔银〕除堤废实征银二十九两九钱六厘九毫五忽六微一纤五沙一尘三渺二漠四埃四逡六巡。

驿丞皂隶工食除堤废实征银六两八钱三分一厘五毫二丝六忽六微六纤三沙三尘五渺五漠一埃五逡九巡。

铺兵工食除堤废实征银二百四两九钱四分五厘七毫九丝儿忽儿微六尘五渺四漠八逡八巡。

总漕座船水手工食除堤废实征银五十四两六钱五分二厘二毫一丝三忽三微六沙八尘四渺一漠七逡八巡。

举人长夫除堤废实征银五两一钱四厘六毫六丝八忽五微二纤四沙五尘六渺二漠五埃七逡六巡。

春秋丁坛祭祀除堤废实征银六十一两六钱七分三厘五毫五忽五微四纤九沙八尘四渺六漠八埃三逡二巡。

江宁修理科场裁存银除堤废实征银一两五分一厘六毫一丝二微六纤三沙四尘六渺九漠七埃三逡九巡。

武举科场除堤废实征银二钱二分五厘八毫一丝六忽三微五纤一沙六渺二漠九埃六逡六巡。

孤贫冬衣布花除堤废实征银五两六钱九分二厘九毫三丝八忽八微八纤六沙一尘二渺九漠二埃六逡八巡。

乡饮酒礼除堤废实征银四两七钱四分四厘一毫一丝三忽八微三纤九沙五尘五渺九逡九巡。

廪生廪粮除堤废实征银七十四两三钱三分八毫五忽三微八纤九沙三尘五漠九埃七逡。

清江厂造船民七料除堤废实征银一十一两八钱二分一厘九毫三丝一微五纤九沙四尘五漠七埃，解船政厅。

驿站项下：

清口驿馆支廪粮七百两内除堤废实征银六百六十四两二钱七分六厘三忽一微七纤一沙四尘二渺四埃六逡二巡。

水旱夫工食三千三百一十二两内除堤废实征银三千一百四十二两四钱九分二厘七毫七忽八微八纤二沙二尘三渺五漠九埃一逡二巡。

走递差马价银一千一百二十五两内除堤废实征银二千四十九两四钱五分八厘七毫九忽八微八纤四沙八尘七渺九漠七埃五逡一巡。

马夫工食银一千八十两内除堤废实征银一千二十四两八钱二分七厘四毫三丝三忽二微七纤七沙五尘七渺一漠八埃三逡一巡。

棚厂药材灯油槽铡鞍辔银一百三十五两内除堤废实征银一百二十八两一钱一分一厘七毫三丝七忽三微九纤九沙九尘三渺三漠三埃五逡七巡。

以上共支银八千五百一十二两内除堤废实征银八千七十六两五钱七分八厘三毫九丝四忽九微四纤九沙九尘三漠二埃九逡一巡外，缺额拨补银四百三十五两四钱二分一厘六毫五忽五纤九渺七埃九巡，赴布政司领。

各州县协济清河县各款：

沭阳县协济夫厂银一千五百七十七两七钱九分五厘，又协济清口驿银一百七十二两八钱，二共银一千七百五十两五钱九分五厘内，代解京库马草银一百七十二两八钱；代解马价银二百四十九两八钱六分八毫一忽九纤一沙四尘；代解江宁仓麦折银九两五钱八分六厘五丝四忽八微六纤，水脚银九分五厘八毫六丝六忽五微四纤八沙六尘；代解常盈仓麦折银九百六十两七钱七分三厘六毫一丝六忽八微；代解募兵军饷银二百三十三两；代解秋粮军饷银一百二十四两四钱七分八厘六丝七微。

安东县协济夫厂银八百九两三钱三分五厘，又协济清口驿银二十二两，二共银八百三十一两三钱三分五厘内，代解马价银四百三十七两八钱八分九厘五毫四丝九忽，水脚银三两五钱九厘四毫五丝一忽；代解箭支银二十二两；代解抚饷银二十两；代解总漕部院皂隶工食银十两，[1]清江工部分司皂隶工食银十四两四钱，铺兵工食银十二两，灯夫工食银十二两，轿夫工食银一两二钱，本府船政同知步快工食银十二两，本府海防同知步快工食银十八两，皂隶工食银十一两三钱一分六厘，本府山清同知心红纸张银二十两、俸银二两，扇伞轿夫工食银四十二两，乡会牌坊银七两，军门柴烛会抵山阳县铺兵工食银二十两，南河工部快手工食银十两八钱，本府樽节银十两，本府备办过差下程小饭银三两七钱五分，本府朝觐银一两六钱五分六厘六毫六丝七忽。

府学膳夫银三两三钱三分三厘三毫三丝三忽，清江造船民十料银四两一钱九分六厘，山清同知桌围伞扇银八两，修宅家伙银一十两，各役工食银二十六两二钱六分四厘，漕储道薪银三两六钱四分，水手工食银三十六两，本府朝觐银三两三钱一分三厘三毫三丝三忽，府学廪生膳夫银六两六钱六分六厘六毫六丝七忽，本府海防同知书办工食银一十二两，清江户部分司书办工食银二十六两四钱。

山阳县协济夫厂银九十三两内，代解船料旱脚银二十两八分九厘，河工旧额银九两，轻赍车盘银六十三两九钱一分一厘。

盐城县协济夫厂银一百五十八两八钱七分，又协济清口驿银一百五十五两，二共银三百一十三两八钱七分内，代解京库盐钞银六十七两三钱三分三厘九毫一丝五纤四沙四尘四渺；代解变卖马匹草料银一百三十二两，水脚银一两三钱二分；代解营缮司料价银一百一十二两九分五厘一毫三丝八忽五微五纤九沙六尘，水脚银一两一钱二分九毫五丝一忽三微八纤五沙九尘六渺。

沭睢赣盐等县裁剩裁减银内，原拨协差马驿银八百九十九两五分八厘八毫四丝，于"遵谕陈言事"案内，奉文改归充饷于清河县地丁内就近拨抵讫。内：沭阳县裁剩银原拨补缺额应付驿站银二百五两五钱二分；盐城县裁剩银内原拨补清口驿银四百两；睢宁县裁减僻驿原拨给差马银一百二十七两九钱三分八厘八毫四丝；沭阳县裁减僻驿募

---

① 以下底本模糊 2 页，依照《乾隆清河县志·点校本》辨别补齐。

夫工食原拨给本县差马银二十一两六钱，裁减僻驿原拨给本县差马银四十八两；赣榆县裁减僻驿原拨给本县差马银四十八两；盐城县裁减僻驿原拨给本县差马银四十八两。

（杨）[扬]州府属代征本县本色麦并折色银两列后：
本色项下：
高邮州带征运军月粮一半，本色麦六十二石五斗。
泰州带征运军月粮一半，本色麦三十七石一斗五升。
通州带征运军月粮一半，本色麦四十一石一斗三升。
仪真县带征运军月粮一半，本色麦五十石。
泰兴县带征运军月粮一半，本色麦一十五石四斗七升。
如皋县带征运军月粮一半，本色麦十二石五斗。
宝应县带征运军月粮一半，本色麦六十八石七斗五升。
高邮州带征一半麦，折银二十五两。
泰州带征一半麦，折银十四两八钱六分。
通州带征一半麦，折银十六两四钱五分二厘。
泰兴县带征一半麦，折银六两一钱八分八厘。
仪真县带征一半麦，折银二十两。
如皋县带征一半麦，折银五两。
海门县带征一半麦，折银二十七两五钱。
宝应县带征一半麦，折银二十七两五钱。

蠲恤
陆贽曰："下之贡上，义也；上之恤下，仁也。"前史[1]载淮徐灾伤，仁宗亟令宰相草诏，蠲免全境税粮，史臣美之，以为数百年之旷典。今帝德如天，赈荒蠲灾者且不一其地，不一其时。即以清河论，自康熙七年始，前后赈银米约几万，其蠲免正赋则数十万有奇。是民命之更生皆一人之再造也。浩浩皇恩，敢不敬志。

---

① 前史：此指《明史》。

康熙七年，被灾田地正赋钱粮全蠲。

康熙八年，被灾田地正赋钱粮免十分之五。

康熙九年，被灾田地正赋钱粮免十分之四。

康熙十年，被灾田地正赋钱粮免十分之五，又复全蠲。

康熙十一年，为"滨河失业"案内，堤占挖废田地应征钱粮永蠲。又，被灾田地本年正赋钱粮全蠲。

康熙十二年，被灾田地正赋钱粮全蠲。

康熙十三年，被灾田地正赋钱粮免十分之五。又，江苏布政司慕入觐，有"微臣目睹"一奏，准自康熙十三年为始，仍淹田地正赋、钱粮、漕米、漕项俱停免，俟年冬查勘，涸出三年起征。递年宽免在案。

康熙十五年，被灾出地正赋钱粮免十分之三。

康熙十六年，二次被灾田地正赋钱粮免十分之六。

康熙十八年，被灾田地正赋钱粮照灾免定例，增一分，共免十分之四。

康熙十九年，被灾田地正赋钱粮分三则蠲免。

康熙二十年，奉恩诏自康熙十三年起至十七年止，未完民欠钱粮俱准赦免。

康熙二十三年，圣驾东巡，恩诏蠲免本年漕粮三分之一。又诏，康熙二十四年丁银全免。

康熙二十四年，被灾田地正赋钱粮照灾例蠲免。

康熙二十六年十二月，奉旨免本年未完地丁。

康熙二十七年，全免本年地丁。

康熙三十二年，预支三十四年恩例免漕粮三分之一，又免黄河南岸、中河两岸被灾田粮［银］三百七十六两五钱四分零。

康熙三十四年，奉皇恩漕粮全免，补征三十二年漕粮三分之一。

物产 ①

志物产者，辨其物与其利，使民同贯也。周官土方氏兼土宜土化

---

① 自此始至"鸟之属"的内容，可以弥补《乾隆清河县志》底本中相关内容的缺页之憾。

之法而授任事，则又不徒辨之且变之矣。青州之利蒲鱼而宜稻麦，土性固然。洪水之后，变埴坟为沙卤，其所产者亦变。姑从其常有者志之，以望于后之蕃阜尔。

谷之属　有稻，曰粳，曰糯，曰籼。籼、粳之早熟者曰旱稻，旱田种者曰小芒稻，后种先熟者曰香稻，味之芬芳者亦粳属也；治北七十里旧有香稻庄。有稷穄^①，同有粟。《尔雅·翼》云"谷之最细者"也。有黍，黄白黎色数种；亦有红者名大红袍。有䅟有麦皆芒谷，玉麦无芒，火麦色赤，而早熟犹岭南有火米也。

又有穬麦，麦之似䅟者，亦早熟。有荞麦，秋种秋熟，其实三角。有豆，多种色种，有豌豆、茶豆、豇豆、蚕豆、刀豆、小豆、荸（bí）荠豆、回回豆、诸名，其色为黄、为白、为黑、为青、为绿、为赤、为紫、为黎花、为缠丝不等。有蜀^②秫，亦多种色。有脂麻，有草麻，有薏苡^③，亦秫类也。

果之属　有枣，有柿，有李。有杏，同麦而黄曰麦黄杏。有桃，桃之佳者，曰"坠枝白"，曰"蒋家红"，曰金桃、银桃、鞭杆桃；种之至大者有樱桃、含桃也。果之早熟者有梅，一花二实者曰鸳鸯梅，间有而实不大。有核桃，有石榴。有葡萄，紫者曰"马乳葡萄"，白者曰"水晶葡萄"。有莲藕，有芡，所谓蔂物，川泽之宜也。有西瓜、甜瓜。

蔬之属　有韭，韭曰丰本。有菘，有菁（jīng）。有菠，赤脚菜也。有葱，有蒜，有薤（xiè）。有萝苩（pā），深红，若紫若白若黄，凡数种。有茄，紫白二种，谓之落苏。有芋，有香芋。有山药，有窝笋，有芫荽，有苋，有芥，凡数色。有香生菜，有蓳蒿，有匏，有瓠。其为瓜也，有越瓜，有王瓜、菜瓜。谓之王瓜、菜瓜，青者早实，白者晚实。有丝瓜，有冬瓜，有番瓜。其野产者，有苦苣，有菌，凡数种。其最佳者为蘑菇，充土贡。有马齿。有灰藋（diào）。红心者，鹤顶草

---

① 穄（jì）：亦称"糜子"。

② 蜀（shǔ）：蜀葵，一种观赏草本植物，根和花可入药。

③ 薏苡：多年生草本植物，颖果卵形，灰白色，像珍珠，食用、药用称"薏米""薏仁米""苡米""苡仁"。

也。有蒌，茵蔯①也。其水产者，有蒲篛，有荇，有菱，有芹。

畜之属　有马牛羊豕犬鸡，为六扰。外有蠃，有驴，有猫，有鹅，有鸭。

木之属　有桑而不蚕，有楮②而无纸。有梧桐，有椿，有槐，有柏，有桧。有榆，白枌也。有杨，有柳，有苦（楝）[楝]，有棠梨。有冬青，其子曰女贞实。其灌木有枳棘，有椒，有紫荆，有木槿。其苞木有竹。

鸟之属　有鹭，有凫，凡数种。有燕，有雁。有鸲鹆，谓之八哥。有鹈鹕，即淘鹅也，腹下胡大如数升囊。有鸣鸠，有鹁，有灰鹤，有鹳，有雉，有鹑，有鹜，有慈乌，有玉环鸦，有鹰，有鹞，有鹍鸽。其为鹊也，有喜鹊，有麻鹊，有练鹊。有柴鹊，其羽五色。有黄鹊，凡数种。

兽之属　有兔。有麢麚，獐也。有獾，有貉（hé），有狸，有狼，有黄鼠。

鳞之属　有鲤。有鲂鳊，谓之鲂。有鲢，有鲫，有鲇（nián），有鳜（guì）。有鮆，即刀鱼也。有鳗，有鳝。有鳤（huán），青白二种。有江之鲈，有海之鲻（zī）。有青鱼，有白鱼。有砾红鱼，似白鱼而尾赤，其味脆美。有银鱼，有金鱼，有黄瓜鱼，有鲟鳇鱼，有比目鱼，有豚鱼，有虾。其他不数。

介之属　有鼋，似鳖而大，有重数十斤者。有龟，有鳖，有蚌，有蟹。有螺，凡数种。大水溢则有蛤，有蛏（chēng），皆互物。

药材　有紫苏，有薄荷，有枳实，有柴胡，有大小蓟，有半边莲。有射干，扁竹也。有茺蔚，益母草也。有旱莲草，墨菜也。有地肤子，独帚也。有瞿麦，洛阳花也，凡数种。有香附子，有车前子，有枸杞子，有菟丝子，有槐角子，有青葙子，有半夏，有金银花，有夏枯草，有桔梗，有菖蒲、蒲黄，有薢茇（xiān），有艾，有菊，有地骨皮，有黑白牵牛，有天南星，有女贞实，有瓜蒌，有马鞭草，有紫花地丁。

---

① 茵蔯（chén）：一种蒿草，可入药。亦称"茵蔯蒿"。
② 楮（chǔ）：落叶乔木，树皮是制造桑皮纸和宣纸的原料。

余不悉数。

货之属　旧有棉，有靛（diàn），有红花，有白蜡、花田蜡。园有多至数顷者，于今皆废。惟湖荡之间，犹饶鱼利，公诸四方之人而已。

秩官

今之邑，亦古之国也；其令视古诸侯而又或分领之，参佐之，奔走之；所以详政理、修职事也。凡朝廷官制及增设裁汰，既有国典又年表焉。姓名可稽，必推诸前代而录之。宦绩传之，名宦勒之。疑者缺之，如国书然。

本县额设官员

知县一员。

县丞一员。明崇祯初年裁，本朝康熙十九年复设。

管河主簿二员。历朝屡裁屡复。今存管外河一员，管中河一员。

典史一员。

儒学教谕一员。康熙二年裁，十六年（设复）[复设]。

儒学训导一员。

马头巡检司巡检一员。

清口驿驿丞一员。

惠济闸闸官一员。《旧志》作新庄闸，《全书》作天妃闸，应从今名改正。

广济闸闸官一员。

附：

阴阳学训术一员。

医学训科一员。

僧会一员。

道会一员。

历朝职官题名 宦绩附

宋

安抚使知清河军史钦。嘉兴二年任，卒于官，有传，祀名宦。

元

县尹耶律不花。泰定元年任。

达鲁花赤哈麻。天历元年任。

按：元制州县各有达鲁花赤掌印，县尹掌判县事，其丞、尉、簿皆仍古制。

知县

明

孔克勋　江西籍，洪武元年任，有传，祀名宦。

解镇生　洪武五年任。

陈立本　浙江籍，洪武九年任。居家孝友，莅政公平。

喻有立　江西籍，洪武十五年任，有传，祀名宦。

郗　贵　洪武三年任。

方　艾　浙江籍，永乐二年[任]，有传，祀名宦。

张　益　永乐年任。

李信圭　泰和籍，洪熙元年任，有传，祀名宦。

卢　宁　兴济籍，天顺七年任。为政平易，尤重学校，士民爱之。

王　高　成化年任。《旧志》作弘治十年任，考郡邑学记改正。

朱　海　遂昌籍，弘治七年任，才干有为。

赵　礼　顺义籍，弘治九年任，居官廉能，有宦绩。《郡志》云："祀名宦"。

孔宗鲁　弘治十二年任。或考宗鲁姓翟氏，广东博罗籍，举人，以名德理学祀本贯乡贤祠，宦绩失考。

阎　伟　弘治十六年任。有传，祀名宦。

郭　郛　肥乡籍，（弘洪）[弘治]十八年任，有传，祀名宦。

王　宇　顺天籍，正德五年任。

王钟秀　文登籍，正德年任。

施　惠　桐乡籍，正德十三年任。

毛　銮　山东籍，正德十五年任。

俞师孟　顺义籍，嘉靖元年任。

陆　林　嘉靖二年任。有传，祀名宦。

石存仁　嘉靖七年任，有传，祀名宦。

杨　枭　广西籍，嘉靖十二年任。

卞　铨　襄阳籍，嘉靖十七年任。

刘　洁　桂临籍，嘉靖二十二年任。廉静老成，留心民瘼。

周一宁　赵州籍，嘉靖二十四年任。

赵　铠　潍县籍，嘉靖二十五年任。

任　武　嘉靖二十八年任。

冯邦政　湖广籍，嘉靖三十一年任。

石　栋　濮州籍，嘉靖三十三年任。

胡希旦　临桂籍，嘉靖三十六年任。

郭　琳　临桂籍，嘉靖三十八年任。

吴宗吉　浮梁籍，举人，嘉靖四十一年任。儒雅多才，绍修县志，于邑事多所厘正。

刘文彬　四川籍，隆庆元年任。

张惟试　永清籍，进士，隆庆五年任。有传，请祀名宦。

王来济　沔池籍，举人，万历元年任。

石子璞　兴国籍，举人，万历三年任。升户部主事，有传，请祀名宦。

袁世南　全州籍，举人，万历八年任。风裁自持，恩威并著。

潘一惟　上高籍，万历十三年任。

邹守约　宜黄籍，举人，万历十五年任。

王　袞　阳谷籍，举人，万历十七年任。

冷启元　丹稜籍，举人，万历十九年任。

郑元辅　莆田籍，举人，万历二十一年。

叶化醇　浙江籍，举人，万历二十三年任。

关　香　新建籍，举人，万历二十六年任。

刘爱民　平霸籍，举人，万历三十二年任。

刘体乾

徐一皋　威远籍，万历三十七年任。

张汝桂　建阳籍，举人，万历四十一年任。

杨长春　安陆籍，举人，万历四十三年任。明达老成，如古循吏。恢复学田一事，尤见断才。见"艺文"志"碑记"。

周自本　祥符籍，举人，万历四十六年任。

安承训　邯郸籍，举人，泰昌元年任。

饶若蒙　蒲圻籍，天启三年任。

王嘉量　保定籍，举人，天启七年任。继综核之后，政尚宽平。

魏知微　陕西籍，崇祯元年任。

阎家祚　汝州籍，崇祯二年任。居官严正，政举大体，人不敢欺。

赵士彦　四川籍，崇祯四年任。

张　经　宜山籍，举人，崇祯八年任。

张登选　江西籍，崇祯十年任。

孟鼎弟　武昌籍，崇祯八年任。

何光斗　巴州籍，崇祯十四年任。精敏，有吏才，改正地亩钱粮，有功于民。

揭　昶　江西籍，举人，崇祯十八年任。

周必强　宁州籍，崇祯十八年任。

国朝

蔡见龙　沛县人，顺治二年任。英年才干，当兵火后，招抚流散，有改聚之功。①

李用质　济宁籍，进士，顺治三年任。有传，祀名宦。

康永福　辽东籍，顺治六年任。

闵三元　辽东籍，顺治十一年任。

杨必昌　沔阳籍，顺治十一年任。

唐佐臣　汶上籍，顺治十六年任。敏决敢为，于邑事多所担荷。养驿马，

---

① 《康熙壬子清河县志》未载此人。

开水口，尤大利于民者。见《艺文·碑记》。

刘汉藜　鄢陵籍，顺治十八年任。

李振秀　原武籍，康熙二年任。

杨　爌　射洪籍，举人，康熙三年任。

于登俊　澧州籍，进士，康熙四年任。

周世璇　义乌籍，康熙五年任。

杨　蕃　诸城籍，进士，康熙八年任。

邹兴相　博罗籍，举人，康熙十一年任。邑志久湮，举修不惜经费。见修志序。

刘光业　辽东籍，由正黄旗荫生，康熙十四年任，有宦绩。

王登龙　由镶红旗官监，康熙十七年任。

马　元　宣府前卫籍，由贡生，康熙二十年任。

任清涟　广东籍，由进士，康熙二十四年任。实心拯民，不获，以终养去。

管　钜　江西临川籍，康熙二十六年任。

县丞①

明

马　德　寿州籍，本姓汪，洪武初年以贤良方正授本职，至十六年卒于官，子孙遂家焉。今石人沟西有马公墓。

王　真　天顺五年任。

徐　鼎　按，《学校》志载：天顺五年，主簿徐鼎督工重建文庙。《秩官》志载：县丞徐鼎，弘治六年任。疑为升任，并存之。

吴　昶　侯官籍。

王　宾　泰安籍，弘治十八年任。有宦绩，升阳曲县知县。

范　忠　正德五年任。

谢　雍　嘉靖元年任。

罗行素　罗山籍。

---

① 自此始至"叶长春"止，其中的模糊字参照《乾隆清河县志·点校本》辨别补齐。

周廷诤　嘉靖年任。

韩　汴　卢氏籍。

王　豹　嘉靖十七年任。

许　潸　东阳籍，嘉靖十九年任。

李　相　江西籍，嘉靖二十二年任。

宋太亨　大名籍。

马　表　麻城籍。

罗　金　江西籍，嘉靖三十三年任。

王　弘　陕西籍，嘉靖三十七年任。

范　鸾　浙江籍，嘉靖四十年任。

孔九畴　长山籍，嘉靖四十四年任。

陈大儒　长沙籍，隆庆五年任。

徐　通　湘州籍，万历元年任。

郑　华　福清籍，万历二十二年任。

张正习　堂邑籍，万历二十八年任。

耿世殷　靖江籍，万历三十四年任。

包鸿嘉　钱塘籍，万历四十年任。

陈尚鉴　龙溪籍，万历四十三年任。

施　元　山阴籍，万历四十四年任。

王　锡　商南籍，万历四十七年任。

曹继芳　政和籍，天启元年任。

杨可栋　高平籍，天启五年任。

叶长春　山阴籍，天启七年任。

国朝

杨文运　蒲州人，康熙十九年任。

刘宗业　临邑人，康熙二十八年任。

冯源汴　涿州人，康熙二十九年任。

主簿

明

韩　荣

吴　荣

徐　鼎　　天顺五年任。佐卢公修学有功。

何　贵　　天顺年任。

郑　瑄　　成化年任。

刘　伦　　弘治十年任。

王　轼　　山阴籍，正德五年任。

周良知　　陕西籍，嘉靖五年任，公慎，得上下心。升至光禄寺丞。

张　銮　　嘉靖年任。

易　南　　湖广籍，嘉靖二十年任。

阎　溁　　辽东籍。

刘廷章　　山西籍。

于　朝　　辽东籍，嘉靖三十三年任。

刘　表　　嘉靖三十五年任。

林大章　　湖广籍，嘉靖三十八年任。（以）

胡来佐　　南昌籍，万历二十五年续设，二十六年任。

冯思恭　　晋州籍，万历二十八年任。

谢朝卿　　瓯宁籍，万历三十二年任。

许缵华　　诏安籍，万历三十四年任。

张问策　　万历三十七年任。复裁革。

国朝

范希贤

邹拱启

周承祚　　康熙二年任。

李时茂

翁　旻

梁宣华

宋公衡

缪大受

章大纶　宛平人，康熙十八年任。

管茂先　仪封人，康熙二十七年任。

马　章　仁和人，康熙二十九年任。

熊一位　靖安人，康熙三十一年增设，分管中河。

余　寀　山阴人，康熙三十二年任。

马任远　临汾人，康熙三十二年任，分管中河。

典史

明

张　锦　天顺年任。

张　震　弘治年任。

解　能　历城籍。

施　宪　浙江籍。

何　安

王廷宣

陈　昊

姜　溥　江西籍，嘉靖三十四年任。

廖尚雅　江西籍，嘉靖三十八年任。

谢一德　会稽籍，隆庆四年任。

花　澍　福州卫籍，万历二年任。

邓一钦　邵武籍，万历二十二年任。

沈　端　钱塘籍，万历二十三年任。

吴良玉　西安籍，万历二十七年任。

夏　炬　丰城籍，万历二十九年任。

毛　镖　永丰籍，万历三十二年任。

金廷芳　博兴籍，万历三十五年任。

许国柱　海阳籍，万历三十六年任。

魏　菁　日照籍，万历四十三年任。

李应期　临江籍，万历四十四年任。

魏元功　沙县籍。

姚邦明　四川籍，天启二年任。

谭世祥　南丰籍，天启四年任。

吴守义　秀水籍，天启七年任。

雷一公

徐大仪

宋应诏

金紫绶

国朝

俞　鼎

赵　仁

徐文震

陈　嘉　钱塘籍，康熙二十一年任。

胡起蛟　永宁卫籍，浙江人，康熙二十五年［任］。

陈克家　燕山卫人，康熙二十八年任。

王子琳　沧州人，康熙三十二年任。

学宫

汉阳朔诏云：儒林之官，明于古今，通达国体，谓之博士。故朝廷欲明经术，广教化，养人才，当以学博士为表。夫为圣人之徒而丽其宫墙，朝夕乎六经、俎豆、钟鼓之间，其任顾不重哉。

教谕

明

梁　春　河南祥符籍，举人，历任九年，考满去。

郑　举　广东南海籍，历任九年，考满去。

王　海　浙江黄岩籍。

陈　瑢

江　铁　浙江常山籍，举人。

杨　鸿　浙江新昌籍。

俞　缙　江西鄱阳籍，有传，祀名宦。

郑　炳

钟　佑

谢一夔　浙江丽水籍。

刘　晔　河南钧州籍。

李继祖　云南临安籍，举人，有传，祀名宦。

叶　准　浙江永嘉籍。

朱　贤　浙江嘉兴籍。

刘希贤　陕西金州籍，嘉靖年任。醇厚尚义，人无间言。

揭　綯　福建将乐籍，嘉靖年任。善诗词，有丰采。

董仕祯　广东顺德籍，举人。

刘希尹　山东安丘籍。

翁复明　萧山籍。

沈　棩　会稽籍。

熊大楠　福建漳浦籍，举人。

李　滋　湖广汉川籍。

李一钶　福建长汀籍。

佘　镗　广东新会籍。

李湛然　河南原武籍。

刘文集　常州靖江籍。

檀礼器　池州东流籍。

朱　福　河南郾城籍。

虞之稷　凤阳霍丘籍。

周　梗　宁国籍。

魏一思　凤阳天长籍。

季思苏　徐州砀山籍。

高崇谷　福建邵武籍，解元，以修学造士为任，名望卓然，升吏部司务。

阳　纯　广西临桂籍，举人。

江道振　歙县籍。

王守谦　灵璧籍。

黄德懋

黄汝金　上元籍。言动有则，取与不苟。其课士，月必再举，饶有师教。

丁时修　池州籍。

童登第　江都籍。

王有维　丹徒籍。

国朝

唐继隆　苏州籍。

阎补宸　山东汶上籍。振难周贫，士多其惠。

李巽臣　金坛籍，举人。

祝谦吉　吴县籍，举人。博学弘文，三吴名士。

吴　徵　仪真籍，歙县人。康熙十六年任，升新城县知县。有宦绩。

吴希古　歙县人。康熙二十年任，升淮安府儒学教授，有宦绩。

洪芳喆　丹阳人，康熙三十三年任。

训导

明

萧仲节　四川安岳籍，举人。

张　理　浙江天台籍。

陈　宁

刘　聪　江西吉水籍。

欧阳映　河南密县籍，与邑令朱公海编修县志，亦儒雅才也。

宋　贤

王　瑶

徐　旭　浙江萧山籍，学有心得，士受启发之益。升去。

张良佐　山东茌平籍。

杨　价　湖广益阳籍。

彭　祀　江西籍。

陈　裕　福建龙泉籍。

杨一和　河南兰阳籍。

梁　高　广东连州籍，温恭醇笃，当［道］荐之。升去。

赵季仁　四川新都籍。

桂集安　池州石埭籍。

邵　愚　山东陵县籍。

石可功　河南项城籍。

王大顺　浙江永嘉籍。

陈爱民　湖广东安籍。

易　铣　湖广巴陵籍。

何一宾　武定籍。

汪应朝　南陵籍。

王之干　定远籍。

廖三阳　河南千户所籍。

李遇贤　河南罗山籍。

张可教　高唐州籍。

丁之璞　扬州籍。

王明谟　萧县籍。

乔　任　寿光籍。

周之龙　云南昆明籍。

国朝

丁寿嗣

谢再玄　宿州籍，和而不流，俨然师范。

徐　瀛　吴县籍。

朱　彝　吴江籍。

宗家相　如皋籍，康熙十七年任。

邹邦宪　青浦籍，康熙二十六年任。

杂职

考周官之制：下士司险①，中士掌疆，上士候境，不概任；诸吏胥

---

① "司险"是古代官名，出于《周礼》。《周礼》谓夏官司马的所属有司险，设中士二人，下士四人，以下有史、徒等人员。掌九州（指天下土地）图籍，周知其山川道路有变故兵事时，派胥徒阴塞要道，禁止不持节省通行。

重其职也。夫取之士而不士、不必取之士而士存乎其人，岂曰"此下位，聊以食贫"乎哉！

马头司巡检

高承祖

钞尚品

张国俊　康熙六年任。

张怀德　鹿邑人，康熙二十一年任。

王之瑛　华州人，康熙二十四年任。

郝大儒　曹县人，康熙二十九年任。

钱　宪　山阴人，康熙三十一年任。

陈光昌　钱塘人，康熙三十三年任。

清口驿驿丞

王元英

童养度

宋大用　康熙三年任。

余泽清　康熙十三年任。

何大亮　会稽人，康熙十七年任。

叶朝桢　燕山右卫人，康熙二十六年任。

新庄闸闸官　康熙三十三年改名惠济闸

杨生荣

王应试

张惟高　康熙十一年任。

王　修　陇西人，康熙十四年任。

常九鼎　富十人，康熙二十二年任。

王化远　汤阴人，康熙二十五年任。

沈昌周　会稽人，康熙三十年任。

王配德

仲家庄闸官 康熙三十三年改名广济闸

周维新 会稽人，康熙二十七年任。

刘士洪 大兴人，康熙三十年任。

河营修防

千总厉士选 徐州人，康熙三十三年任。

把总赵时泰 山阳人，康熙三十年任。

张士龙 山阳人，康熙三十三年任。

名宦

先贤有言，伊吕之道，得一邑亦可小试，谓君相父母天下令。父母一区，居其位，平其政，察其民之疾苦而休息之，生养之，谓之循吏。循吏[1]，职也。清邑自立治以来，长吏以下数百人，以宦绩显名者十不得一，祠者才十二人，何其仅也。昔言淮扬吏民苦不相得三代不易民而治，讵淮俗之谕而得民之难耶！韩司空棱为天子三公而醉于邳人之一，酌其德神明故尔哉。兹传也，予不能知。清人曰："是尝休息生养吾之祖若父者，是尝实为吾之父与母者俎豆之矣。"又传述焉，志不忘也。

宋

安抚使知清河军史钦，浙之临海人。嘉兴初，选补忠勇军，属濠州。延祐间，官至虎符将军。后授泗州安抚使，知清河军。处家孝友，居官明达。在岩疆日久，务平其政，与民相安。卒于官，葬渔沟。清人思之，碑记功德。子孙遂家焉。祀名宦。

明

清河知县孔克勋，江西人，洪武元年任。初开草昧之时，劝农兴学，修举贞度，吏民怀德，士以为师。故清之言循良者，以孔公为首。

---

[1] "循吏"之名最早见于《史记》的《循吏列传》，后为《汉书》《后汉书》直至《清史稿》所承袭，成为正史中记述那些重农宣教、清正廉洁、所居民富、所去见思的州县级地方官的固定体例。除正史中有"循吏""良吏"的概念外，到元杂剧中又有了"清官"乃至民间的"青天大老爷"的称谓。

祀名宦。

清河知县喻有立，江西人，洪武十五年任。继孔之后，益加抚字，作事有方，兴学好士，清人德之。祀名宦。

清河知县方文，浙江人，永乐二年任。勤于抚字，九年考满归，百姓攀留，不忍舍去。祀名宦。

湖广蕲州知州兼知清河县事李信圭，江西泰和人，洪熙元年任。老成儒雅，廉干有为，劝农桑，兴学校，士民敬服不啻神明之。九载考满当迁，士民诣京师乞留。升蕲州知州，仍摄治清河三年。升处州府知府，乃去。祀名宦。

清河知县刘慧，山东阳谷人，弘治中任。政尚廉平，实心劝农，历有成绩。尤加意学校，凡泮宫、殿庑、堂斋皆撤而新之，以至诚经画，糜不工致碞密。六载升处州府通判，士民尸祝之。祀名宦。

清河知县郭郛，肥乡人。弘治间，以治才茂等自英山县调至清河。持身廉介，应事明决，民受其福。行取监察御史。祀名宦。

清河知县陆琳，浙江平湖人，嘉靖初年任。正大宽仁，爱养百姓，皆出于诚心公道。岁大祲（jìn），多方拯济之，身为民瘼。时民不尽填沟壑、走四方者，公之赐也。后行取监察御史，清民呼号，攀辕而随之，百里不绝。至今犹尸祝之。祀名宦。

清河知县石存仁，山东德州人，承陆公宽仁之后。略济以威，廉干精明，百度修举。然实有温醇慈爱之意，故民畏而爱之。行取给事中，民皆遮道涕泣，不忍舍去。祀名宦。

清河教谕俞缙，江西鄱阳人。嘉靖初任时，岁大旱，斋戒露祷，即雨。后又大荒，饥民流离满道，每力疾巡行于墟落间，倡义捐俸赈之。其成就士类之功，不能尽述。考满致仕归。祀名宦。

清河教谕李继祖，云南临安人，嘉靖中任。为人孝友信厚，道韵冲和，士之承其教者，每心悦而诚服之。升湖广安化知县。祀名宦。

国朝

清河知县李用质，山东济宁人，由进士顺治三年任。鼎革之后，加意招抚，兴利剔害，极有担荷。胥吏无敢有舞其文者。其风裁自持，严于暮夜之馈并交际之礼，谢之。待士则教爱兼至，不愧父师。戊子乡试，公入帘。有以关节探公者，公正色曰："士子初求进身，辄欲欺君枉父母，焉用富贵为？"振衣而起。又有以疑事冒不测者，宪檄再下，吏白应查复。公曰："事所必无，徒滋烦扰。"竟具印，结复之。檄三下，差员至，公亲往复之，乃已。其士知之，往谢。公曰："非我私恩，何庸子谢。但出一票，则花费几石麦子，少买几部书耳。"因慰勉之，其为人正大类如此。升兵科给事中。祀名宦。

请祀名宦

明清河知县张惟诚，永贵籍，由进士隆庆五年任。年少有风裁，长于吏治。凡贫户丁粮不办者，菽麦鸡豚及蓑笠日用之物，皆以值收而支应之，故民不知苦而赋不损。辟如意废庵为崇正书院，以课诸生，教养备至。虽蒙师社学，亦亲莅之。稽其学规课业，激赏有加，士习民风一变。调汶上去，士民至今称之。

明清河知县石子璞，湖广兴国籍，举人，万历三年任。是时邑大水，公下车先筑围堤以卫民居，次筑长堤以悍民田，浚线河以通四境水道，而民免昏垫。明年，田洿下皆熟，乃修储仓，岁积豆麦至千石。培养学校，意无不至。诸生中以孝谨闻及有文望者，相见有加礼，给之优免，否者不予。更多立社学以广励之。先是，邑有豪民，多摭吏民过误以为讹罔，谓之窝访。公廉其黠者一二人惩之，余党窜伏，邑赖以康。三年升户部主事去，士民忍不能舍，立去思碑二通，至今传诵云。

按：以劳定国则祀之，以勤死事则祀之，能御大灾、捍大患则祀之，法施于民则祀之。清之昔日，相行地利而城者，淮东制置使李庭芝也。御敌而战殁渔沟者，将军耿世安也。报功之典，胡不列焉？犹曰祀于郡、祀于淮东矣。若清河之口勒之而神明之者，张公惟诚、石公子璞功德炳然，丰碑可识而顾缺焉。谁非诸公之生养与？或崇祀之大典亦有遇有不遇耶？传曰："有其举之，莫可废焉。"惟君子之尽心云。

宦绩传

刘光业，号裕吾，三韩人，康熙十四年为清河令。风裁严正，喜怒不形，人初惮之。然为治得大体，无苛政，无严刑，无私交，开诚布公，不任耳目。昔部追民欠至十数年以上，民心惶然。公缓之弗征，至受部议不辞，卒请免之。高堰之工檄派清河民夫四百名，雇役钱岁计七①千缗，公为之三诉军门，竟免于役。其他惠政，多在口碑。嗣以分督河防水功及阜河运道四十里工成，升授本府山清同知，清民尝受其赐云。

吴徵，号蓉城，仪真籍，歙县人，康熙十六年任清河儒学教谕。时学宫荒颓，公莅清慨然以兴废为任，次第修举。重建启圣祠三间，西庑五间，创尊经阁，于殿后缭以垣。棂星门外列栅以属映壁。凡庙中凡笾边豆、壶濯之器无不修具，学田、射圃无不清厘，而学宫一新。总河都御史靳②按清时学宫壮丽进公褒奖之，徵为立碑纪其事。升新城令去。

吴希古，号云门，康熙二十年任清河儒学教谕。沉毅有才，士奉约束。因学宫、殿庑等处积水朽坏，并启圣祠遗火焚毁，具文通详府宪，倡捐募修，与邑宰马公协力营建于康熙二十四年乙丑，重建启圣祠三间，东庑五间。二十六年丁卯，邑宰管公莅任，又请捐协修明伦堂三间，自台级甬道以达仪门。二十九年庚午，大修圣殿五间，戟门三间，泮池桥三座，棂星门三座，鸠工庀材，经费不赀，多邑宰管公之力。而公以细心董率，数历寒暑，不驰劳瘁，越七年工成。报上，督学院李、许，江苏藩司章，淮安府高、王，俱有褒奖，谓兴行教化之实政云。历任十三载，升淮安府学教授。

---

① 此后到卷末，可以弥补《乾隆清河县志》的一部分缺页之憾。

② 靳：靳辅。

清河县志卷之三

选举

朝廷取士之法，莫良于乡举、里选者，以乡里之闻见真而选举当也。且举一可以劝百，选一可以励其余。一时怀才抱德之士，无不欣欣然喜起而为世用。其所以自命而副当世之物色者不必以一格限，当世固不以一格限之也。迨选举变而为科名，仍曰举于乡、登乡荐，是本其法而神明之，亦犹是论秀书升之遗意矣。惟圣人立贤无方，惟贤者乘时自效。古之人类多所表树，或以道德闻，或以文章显，为乡里所推重；后起者顾寂寂焉。岂遂成绝响哉？何古人度越、今人有如是耶！

进士

石　渠　字翰卿，号天全。中成化乙酉乡试，登丙戌罗伦榜进士。历任刑部主事、员外郎，山东按察司佥事、副使、廉使。有传，祀乡贤。

杨　清　字廉夫，号友竹。中弘治乙卯乡试，登己未伦文叙榜进士，历任户部主事、员外、郎中，浙江布政使司参议。有传，祀乡贤。

丁士美　字邦彦，号后溪。中嘉靖己酉乡试，己未进士殿试一甲第一名，授翰林院修撰。历官左右春坊、掌翰林院事、国子监祭酒、太常寺卿、礼部右侍郎、吏部左侍郎兼学士。卒赠礼部尚书，谥文恪。有传，祀郡、邑乡贤。

汤调鼎　字右君，号旨庵，中崇祯癸酉乡试，顺治丁亥吕宫榜进士，任湖广沣州知州。有传。

汤　濩　字圣昭，号巨源，调鼎次子。中顺治甲午顺天乡试，己亥中徐元文榜进士。历任四川丰都县知县，直隶晋州知州。

举人

潘　毅　中洪武丙子乡试，任湖广靖州学训导。

卢　钦　中洪武丙子乡试，任袁州府学教授。

倪　忠　中洪武己卯乡试，任顺德府学教授。

王　悦　中洪武己卯乡试，任工部郎中。

王　循　中洪武己卯乡试。

段　祥　中洪武壬午乡试，任河南陕州学训导。

张　政　中永乐辛卯乡试，任刑部主事。

冯　轨　中永乐辛卯乡试，任真定知县。

田　伦　中宣德己酉乡试，任荆州府学教授。

王　钦　中景泰庚午乡试，任广东道监察御史。

李　通　中景泰丙子乡试，任长沙府通判。

田　聪　中景泰丙子乡试，任新城学训导。

石　渠　见进士。

曹　钥　中成化辛卯乡试，任湖广会同知县。

段　泰　中成化庚子乡试，任山东寿光知县，升江西瑞州府通判。有传，祀乡贤。

翟　林　中成化辛卯乡试。

章　銮　中弘治壬子乡试第五名。[①]

苏　霭　中弘治壬子乡试，任浙江处州府训导，有传。

杨　清　见进士。

宗　杰　自清河游郡学，以岁贡中嘉靖丙午顺天乡试，任浙江江山知县，升山西隰州知州。

丁士美　见进士。

宗　山　杰之子。中万历甲午乡试。

陶成德　中万历癸卯乡试。

汤调鼎　见进士。

汤　濩　见进士。

---

① 弘治壬子：《康熙壬子清河县志》为"弘治乙酉"。

岁贡

明

洪武纪年

潘　美　任浙江按察司知事。

张　维

冷　和　任忠义左卫经历。

芮　昱　任河南府学训导。

张　暹　任直隶通州知州。

许　铭　任西城兵马司指挥。

崔　嵩　任监察御史。

时　雍　任山西武贤知县。

张　敏　任陕西巩昌府同知。

刘　愉　任陕西凤翔县丞。

永乐纪年

潘　玙

董　博　任山东东阿县丞。

马　骏　任南京工科给事中。

陈　循

薛　经

刘从德

丁　真

夏　俊　任湖广宁乡县丞。

王永真

陈　曦　任应天上元知县。

申　恺

唐　贤

张　择　任工部主事。

胡　进　任山东滕县知县。

洪熙纪年

王　徵　任湖广蕲阳学训导。

宣德纪年

屠　懋　　任江西南丰知县。

汤　琪

葛　镠（liú）任直隶元城知县。

谭　英

正统纪年

王　琮　　任直隶广平训导。

沈　纮

郎　善　　任广东潮州府检校。

冯　缙

王　宣　　任直隶三河县丞。

李　辂（lù）

周　辅

景泰纪年

王　通　　任鸿胪寺序班。有传，祀乡贤。

王　圭　　任交趾道御史。有传，祀乡贤。

徐　烜

天顺纪年

顾　聪

王　英　　任山东蒙阴县丞。

王　忞　　任山东沂州训导。

王志学　　通之子。年十三能文，十六与父同入乡试，寻卒。据《旧志》
所载。

成化纪年

邵　玘（qǐ）任直隶抚宁县丞。

张　瑾　　任江西按察司知事。

田　溥

李　俨　　任山东宁海州判。

王　傭

许　绥

杨　广　任四川涪州吏目。见《封赠》。

夏　昂

卢　纲

郑　玹

沈　郁　任浙江钱塘训导。

弘治纪年

郭　信

杨　果　任湖广嘉鱼知县。[①]

于　宣　任山西平阳检校。

王景福　任馆陶训导。

王　仪

张　黼（fú）

吴　篪（chí）

高　泰

贾　琦

卢　凤　字乐耕，有诗名。任江西龙南知县。

徐　富　任德庆州吏目。

正德纪年

刘　玉　任直隶通州判官。

吴文瑞　任湖广莱阳训导。

马　淳　本姓汪，明初县丞德五世孙。以选贡任云南赵州同知。有传，议祀乡贤。

陶　镕

周　奇　任河南永城训导。

李继宗

王　僎（zhuàn）　任山东济宁州训导。有传。《郡志》载：祀乡贤。

马　琥

乔　醇

---

① 杨果：《康熙壬子清河县志》为"杨杲"。

嘉靖纪年

邵　淮　以甲科自负，自弱冠入场至七十余，犹入试不衰。

王　佑　任鸡泽县教谕，升玉田王府教授。有传，祀乡贤。

李　宸

左　钦　任山东平原县主簿。

石徐麒　渠之子。任浙江桐乡县丞。

汤　铭　任山东潍县训导。

曹　洋　任江西都昌训导。

杨　佑　任直隶丰润教谕。

王　教　佑之子。以选贡任郧阳府通判。

李　昌　以选贡任河南荥泽训导。

王崇祖　任荆州辽王府教授。

王　敕　佑之次子，以选贡任顺天大兴县丞，升江西龙泉知县。

纪　策　以选贡入南监，未仕卒。德性谦和。沭阳胡孝忠志其墓。

周　镗　任山东长山训导。

汪廷俊　淳之子，号渭竹，有诗名。任湖广益阳县丞。①

仲　厚　义之子。

周　祉　字天与，任山西解州训导。

刘　瀚　玉之子。任湖广桃源县丞。

丘　隆　任山东滋阳训导。

陈希贤

董　珍　任江西赣州府学训导。

仲　时　任山东东昌府教谕。

杨天相　任江西新喻训导。

杨　灿　任江西临江府学训导。

纪　功　任湖广蒲圻训导。

冯　仁

王　采　任山东高苑训导。

---

① 号渭竹：《康熙壬子清河县志》为"字味竹"。

隆庆纪年

史　记

高永礼

张四维　号蓄山，博学有著述，校修"嘉靖邑志"①有功，任河南归德府训导，升东光县教谕。

段拱立

万历纪年

张　蕴　任台州府学教授。

段国表

纪士范　纂修嘉靖邑志，综核名实，多论断之功。

王　杜

秦承志

韩希召

王家屏

陈邦孝

纪纲立

汪如淮　淳之孙，号震岳。文行卓然，为一时推重。未仕卒。

王家垣　任深泽县知县。

乔　迎

韩　僎　任灵璧县教谕。

王大谟　历任至常州府教授。

石世官

夏思曾　任河南开封府通判，升陕西乾州知州。有传。

唐嘉礼

吴　璜　历任至兖州府学教授。有传。

段应嘉

杨茂林　有传。

张云鹤　历任至福建建宁府学教授。

---

① 嘉靖邑志：指《嘉靖清河县志》。

蔡瑞臣

董一元

陈吾言　　任四川遵依县知县。

王事勤

泰昌纪年

段允昌　　任浙江温州府经历。

仲汝孝　　历任至凤阳府学教授。有传。

天启纪年

踪（zōng）一龙

万新年[1]　　历任至顺天保定府教授。有传。

贾世芳　　有传。

刘尧辅　　历任至广海卫经历。有传。

崇祯纪年

汪道长　　腾蛟长子，考授训导。未仕。

周世荣　　历任至思恩府经历。有传。

王用时　　历任至天长县教谕。有传。

郑思谦　　历任至沂州学正。

周文炜（wěi）　历陕西商州同知。有传。祀乡贤。

夏之淮　　思曾子。任泾县训导。

汪之光　　道微长子，乙亥拔贡。初任广东澄迈县知县，历任至分守海北南
道右参政。

仲朝典　　汝孝之子。任泗州学训导。

王用治　　考授训导，未仕。

邵一相　　未仕。

高应奎　　未仕。

陈世美　　有传。祀乡贤。

石以权　　未仕。累举乡饮大宾。

_____

① 万新年：《康熙壬子清河县志》为"万斯年"。

国朝

顺治纪年

王之藩　用时之子。任湖广通山县知县。有传。

汪道美　如淮之孙。未仕。

陈伯埙　世美之子。任山西长治县知县。

张登捷　历任至繁昌县教谕。

陆腾骏　初任直隶怀柔县知县，历任西城兵马司指挥、户部河南清吏司主事加一级。

胡应华　初任浙江建德县知县，升四川简州知州。年七十一致仕。

汤日进　历任至泰州学正。天性笃孝，曾割股及肝以活母，奉学院旌奖。

刘　斌　甲午拔贡。

王兆熊　考授训导，未任。

汪之章　道徵次子。任灵璧县训导。有传。

张天眷　云鹤之孙。考授训导。未仕。

王爱民　考授州同。未仕。

丁象临　任庐江县训导。

康熙纪年

周遂生　任天长县训导。

刘朝阳　任溧水县训导。

汤日讲　考授训导，未仕。

丁象咸　壬子拔贡，任庐州府巢县教谕。

陈伯坚　世美次子。考授理问，未仕。有传。

岳似泰　任旌德县训导。

吴　钜　考授训导，未仕。有传。

孙鸿绪　任宁国府南陵县训导。

周　谟　考授训导。

仲宏宗　考授训导，未仕。

万一骏　考授训导。斯年之孙。

刘　震　斌长子，候选教谕。

汪之奎　考授训导，未仕。

万民衡　考授训导，未仕。斯年之子。

周敷政　考授训导，未仕。

杨一穆　候补内阁中书。

张鸿图　丙寅拔贡。

赵可宾　候选训导。

丁兆球　候选训导。

徐士卿　候选训导。

陈　钺　伯坚长子。

张心范　候选训导。

吴　泓

刘一坤　斌次子。

陈　𨱏　伯坚次子。

吴　洵

孙　铆　嘉玉长子。

陆皆吉

宗洪远

杨　乾

教习

谭　述　由廪生任侯官县知县。

征辟

汤子厚　洪武间以怀才抱德征，授阳朔县知县。有传，祀乡贤。

汤子汉　以怀才抱德征，授山东丘县知县。

汤子高　以怀才抱德征，授国子监监丞。

石　嶔[①]　以怀才抱德征，授浙江按察司检校。见封赠。

王德芳　以贤良方正征，授湖广武昌府知府。有传，祀乡贤。

王　经　以贤良方正征，授陕西布政司检校。

---

① 嶔：此字依据《康熙壬子清河县志》。

汤子西　以人才举，授鸿胪寺序班。

乔荣甫　以人才举，授应天府通判。

陈修道　以楷书任交趾黎明县知县。

陈　理

唐　兴　以楷书任湖广永兴县主簿。

冯　训　以楷书入监，未仕。

王　衍　以楷书任都察院交趾道监察御史。有传，祀乡贤。

仲　德　以贤良方正征，授大理寺少卿。

武科

王用行　中万历壬子科河南武举人。[①]

何　澜　中崇祯丙子科武举人，顺治乙未科武进士，授福建浦城守备。卒于官。有传。

何　涟　中崇祯乙卯科武举人，顺治壬辰科武进士。授河南汝州卫守备，改授山西平阳卫守备。

董国政　中崇祯壬午科武举人，初授江南新安卫领运千总，升授山东莱州府游击管都司事。

张　球　中顺治乙酉科武举人。

纪景星　中顺治丁酉科武举人。

王欲捷　中康熙丙午科武举人。

于　宾　中康熙己酉科武举人。

席增光　中康熙壬子科武举人。

孙嘉玉　中康熙乙卯科武举人。

武勋

明

邱　昂　山西阳和卫指挥金事。

张　雄　旗手卫指挥使。

---

① 底本中自此至"例监"字迹模糊，依照《乾隆清河县志·点校本》辨别补齐。

刘　谦	凤阳右卫百户。
董　贵	府军卫指挥同知。
赵思敬	广洋卫指挥佥事。
谈　全	保定右卫正千户。
臧原吉	济南卫副千户。
刘　钊	徐州卫正千户。

国朝

何可及	由邑庠生随征，任福建潮州镇标右营守备。卒于官。
王永福	由材官任副将，管浙江嘉兴营中军守备事。卒于官。

例监

崔　沂	
李　政	任河南胙城县知县。
乔　宁	
史　昭	
周　瑞	任温州府经历。
王　基	
刘　杰	任直隶长垣县丞。
朱　华	任福建永福县学训导。
冯尚德	任浙江归安县丞。
李光祖	通之子。任湖广罗田县丞。
周　仁	任山东武定州吏目。
孙　铠	任汝府奉祀。
仲　义	大理卿德之后，任浙江长兴县主簿。
刘　锡	任江西广信府照磨。
周　道	任唐府奉祀。
李　鹏	任山东昌邑主簿。
孙　玹	任浙江仙居主簿，升龙泉县丞。
吴　凤	任江西新城主簿。

韩文德

陆　官

章用之　任山东栖霞县丞。

冯　伟　任广西恭城知县。

李　儒　任辽阳卫经历。

沈梦祥　郁之子。

张自勤　任江西鄱阳县丞。

陈　宠　任浙江青田主簿，升府经历。

石　琨　任边卫都事。

孙　藻　玹之子。任直隶内黄县主簿。

陶　序

卞　宸

王大成

王大伦　任广东南雄照磨。

赵　寀　任经历。

丁士良　文恪公弟。考选湖广郴州吏目，以才干闻，当道称之。卒于官。
金陵朱之藩为之传。

张九苞　自勤之子。任河南封丘县丞，升王府。

张九韶

王家桂①　　任肃府奉祀。

汪腾蛟　淳之曾孙。任广东顺德县丞，升任益王府工正。见《封赠》。

陈可权　任四川保宁府通判。

王家梅

严中泰　任应天府检校。

王知难　家垣之子。任鸿胪寺序班，升本寺主簿。

汤三省　鸿胪寺序班。

汪道徵　腾蛟次子，鸿胪寺序班。

刘嗣昌　训导。

---

① 王家桂：《康熙壬子清河县志》为"王家柱"。

王之铉

张天培

王之宰　用时次子。

张之琅

孙文锦

张惟一　九苞孙。

丁国瑞

丁斯耀

于毓中

汪若千　子光子。任广东乐会县知县。

陆　坦　腾蛟子，考授县丞。

汤建鼎

郑大宜

吴　湛　考授州同知，钜之子。

万一驯　考授州同。

谭　信

胡　炳

张　恒　甲戌年考授州同。

周　颂

岳　琳

郑　樑

郑　斑

吴　涞

孙　铵　嘉玉次子。

李士淳

王凤翔　考授县丞。

陆命新　考授州同。

贾　佺

王凤翮

王凤翱

吴廷枢

高　岱

孔　琳

刘大绥

力国鼎

袁加美

刘永徹

吴　峰

金廷肱

邵国勋

补遗

张廷谏

陈世勋

严师诲

封赠

汤福新　以子遵贵，赠奉训大夫、海宁州知州。

王士英　以子衍贵，赠文林郎、都察院交趾道监察御史。

王　元[①]　　以子钦贵，赠广东道监察御史。

石　岩　以子渠贵，封刑部主事。

杨　广　以子清贵，封刑部主事。

王　佑　以子敕贵，赠太兴县丞。

丁　儒　以子士美贵，累封至通议大夫、太常寺卿兼翰林院侍读学士。

丁　凤　以孙士美贵，赠通议大夫、太常寺卿兼翰林院侍读学士。

夏应科　以子思曾贵，赠承德郎、河南开封府通判。

---

① 元：据《咸丰清河县志》补。

汪道徽　以子之光贵，累赠至太中大夫、广东海北南道右参政。

汪腾蛟　以孙之光贵，累赠至太中大夫、广东海北南道右参政。

陆旸泰　以子腾骏贵，累赠至奉直大夫、西城兵马司指挥加一级。

胡守祖　以子应华贵，赠文林郎浙江严州府建德县知县，继赠奉直大夫、四川简州知州。

汤调鼎　以子濩贵，加封奉直大夫。

董应元　以子国政贵，赠宣武将军。

王存志　以子文福贵，赠骁骑将军。

王　隆　以孙文福贵，赠骁骑将军。

杨　麟　以子穆贵，封内阁中书舍人。

胄荫

王　通　以父悦荫任鸿胪寺序班。

王　圭　以父德芳荫任都察院司务工部员外。

丁有殷　以父士美荫任户部郎中姚安府知府。

丁有周　以父士美荫任莱州府通判、盐运司通判。

吏阶

牛　源　典史。

郭　恕　卫经历。

单　庆　巡检。

张彦质　主簿。

欧　礼　典史。

马　林　巡检。

徐　进　仓大使。

顾　忠　递运所大使。

胡　全　盐课局大使。

朱宗义　典史。

华　玘　巡检。

李　荣　典史。

邵　玘　典史。

周　德　税课司大使。

杜　延　仓大使。

徐　惠　巡检。

徐　刚　驿丞。

魏　真　宣课司大使。

冠　瓒　典史。

贾　宣　巡检。

嵇　洪　主簿。

冯　谦　巡检。

庞　瑛　税课司大使。

余　林　仓大使。

李　智　税课司大使。

刘　政　仓大使。

朱　珍　巡检。

陈　忠　巡检。

王　洪　小屿巡检。

居　贤　巡检。

周　贵　河泊。

王　俊　河泊。

王大相　宝源局大使。

周　聪　典史。

郑　福　仓大使。

曹　林　仓大使。

刘　纲　税课局大使。

李　宣　仓大使。

杨　荣　主簿。

刘　洪　草厂大使。

陈　纯　仓副使。

马　杰　案牍。

姚　铭　巡检。

于　广　典史。

张良弼　巡检。

华　安　驿丞。

邵　堂　典史。

谢　镒　仓副使。

单　瓒　典史。

汤　箴　仓副使。

姚　濬　驿丞。

徐　濡　盐厂大使。

朱　璧　巡检。

汤　永　都察院司狱。

张　义　吏目。

刘　鳌　县丞。

汤允言　箴之子。县丞。

于　芳　递运所大使。

杨　哲　河泊。

郭　堂　主簿。

董　秀　仓大使。

王　岐　河伯。

张　经　工部竹木局大使。

孙　广　河泊。

纪　镗　仓大使。

王　谟　巡检。

杨　纯　巡检。

高　仕　盐厂大使。

卞　锐　典史。

卞　连

刘　淮　县丞。

张宗仁　巡检。

万志贤　巡检。

杨继祖　巡检。

刘上书　典史。

刘尚贾　河泊。

何　鸿　盐厂大使。

邵　清　司狱。

何　玉　章丘县典史。

何其孝　辰州府经历。

汤民瞻　长寿县典史。

何其忠　任浙江德清县主簿。廉正有声，以疾归。士民铸方鉴颂之，以况其清云。

夏之铎　梧州府库大使。

范维翰　巡检。

周承宜　典史。

周国泰　任山东历城县典史。

冠带

王　璿　景泰间纳粟冠带。

王文采　天顺间纳粟冠带。

纪　伦　年八十，遵例以寿官冠带荣身。

韩　贵　年八十，遵例以寿官冠带荣身。

何　琪　年八十，遵例以寿官冠带荣身。

陶　议　遵例纳粟，拜七品官。

王　音　年八十，以寿官冠带荣身。

马　渊　淳之弟，素履惇厚。年七十余，事兄益谨，累举乡饮众宾，以寿官冠带荣身。

张　震　年八十，以寿官冠带荣身。

纪　勋　少游邑庠，年八十，以寿官冠带荣身。

何　佩　年八十，以寿冠带荣身。

仲汝弼　邑庠生，年八十，以寿官冠带荣身。

王梦禹　年八十，以省祭寿官冠带荣身。

丁有年　年九十有五，累举乡饮宾，以寿官冠带荣身。

人物

或谓钟天地之灵、毓川岳之秀而豪杰生焉，固已。夫天地犹是，川岳犹是。彼豪杰之士，每旷代而一见。后先相望，何落落如晨星耶？清之人物，远自韩淮阴[1]，近自丁文恪[2]，而后勋业文章虽不逮乎前古，而士大夫之有一德一行者类足以厉世而范俗，亦视乎豪杰之有以自命也，岂千秋俎豆遂难其人哉！

汉

韩信，淮阴人。家贫，钓于城下。尝从南昌亭长食，未久，绝去。漂母哀之，为具饭至数十日。信曰："吾必重报母。"母怒曰："大丈夫不能自食，吾哀（女）[汝]，岂望报乎！"淮阴有少年辱信者曰："信，能死，刺我；不能，出我胯下。"信孰视，俯出胯下。一市皆笑。时项梁渡淮，信仗剑从之。居戏下[3]，无所知名。属项羽，为郎中。数以策干羽，弗用。乃亡归汉，为治粟都尉。数与萧何语，何奇之。请于汉王，拜为大将，登坛之日，一军皆惊。信乃部署诸将所击。汉王举兵东出陈仓，定三秦。二年，出关，收魏、河南，韩、殷王皆降。令齐、赵共击楚彭城，兵败，降者皆叛散而还。信乃复发兵，与汉王会荥阳，复击破楚京、索间，进兵击魏。魏盛兵蒲坂，塞临晋。信乃益为疑兵，陈船欲度，而伏兵从夏阳以木罂渡军，遂虏魏豹。使人请汉王益兵三万人进击赵、代，破代，（禽）[擒]夏说。引兵下井陉口，未至三十里，止舍。夜半，选轻骑二千人，人持赤帜，从间道而望赵军，戒曰："赵人逐我，必空壁，若疾入，拔赵帜，立汉帜。"令其裨将传餐曰："今日破赵会食！"诸将哜然[4]，阳应曰："诺。"信乃鼓行出井陉口，与赵大战久之。弃旗鼓，走水上军。复疾战。赵果空壁争汉

---

① 韩淮阴：淮阴侯韩信。

② 丁文恪：丁士美谥号为"文恪"。

③ 戏下：即麾下，"戏"通"麾"。

④ 哜然（fǔ）：惊愕的样子。

鼓旗，逐信。信已入水上军，不可败。赵兵还见壁皆汉赤帜，大惊，以为汉已破赵王将矣，遂乱，遁走。于是汉兵夹击赵军，斩成安君泜水上，擒赵王歇。生得广武君李左车，东乡坐而师之。用其策发使于燕，燕从风而靡。遣使报汉，因请立张耳王赵，以抚其国。汉王许之。王至，拜信为相国，发赵兵未发者击齐军。至临淄，齐王走高密，乃东追之。楚使龙且救齐，与齐王军合。两军夹潍水（陈）[阵]。信乃夜令人为万余囊，囊盛沙以壅上流，引军半渡，佯不胜，还走。龙且追渡水。信使人决壅囊，水大至。且军大半不得渡，乃急击之，杀龙且。房齐王广，楚军皆降，齐遂定。项王使盱眙人武涉说信与楚连和，三分天下而王齐。信谢曰："臣事项王，位不过执戟，言不听，策不用，故背楚而归汉。汉干授我上将军印，将数万人，解衣衣我，推食食我，言听计用，故得至于此。夫人深亲信我，背之不祥，幸为信谢项王！"涉去，蒯通又说之。信终不忍背汉，且自谓功大，汉王不夺我齐，遂不听。汉王败固陵，用张良计，征信兵会垓下，攻项羽；羽死，乃袭夺信军，徙为楚王，都下邳。信召所从食漂母，赐千金。召辱己少年，以为中尉。信初之国，行县邑，陈兵出入。有告信欲反者，上患之，伪游云梦欲袭信，信自度无罪，竟谒上。上令武士缚之，载后车。信曰："果若人言，狡兔死，走狗烹。"上曰："人言公反。"遂械至洛阳，赦为淮阴侯。由此居常鞅鞅，羞与绛、灌为伍。汉十年，陈豨反代，上自将讨之，信称病不从，欲发兵与豨应。人乃上反状于吕后，诈称人从代来，豨已死；群臣皆贺，信入，吕后使武士缚信，斩之长乐钟室。信曰："吾悔不用蒯通计，反为女子所诈，岂非天哉！"遂夷信三族。

按：《纲目》一书"帝执楚王信以归，至洛阳赦为淮阴侯"；再书"后杀淮阴侯韩信，夷三族"。春秋之义不削爵，曰王、曰侯、不书叛。伏诛曰执、曰赦、曰后杀，□□之罪无显戮，昭昭千古矣。

今郡城淮阴侯祠多著灵迹。前明有广西韦氏成进士，自纪于侯庙之前称侯裔孙，谓郑侯以婴白之义取侯遗孤，属南越王佗全之。至今姓韦，用韩之半，子姓繁多云。①

陈球，下邳淮浦人。淮浦即今洪泽地②，汉属下邳国。球字伯真，少涉儒学，举孝廉，为繁阳令，魏郡太守讽令纳货贿，球不听。迁零陵太守，期月间，贼寇李研顿消散。朱盖反，转攻零陵，郡中无备，掾（yuàn）史白当遣家避难。球怒曰："太守任受一邦，岂顾妻孥而损国威重乎！"卒破贼。拜廷尉。窦太后崩，宦官以积怨欲以贵人礼葬，球卒抗旨，议如礼。后谋诛宦官，事泄不遂，被害。子瑀、琮，从子珪并名显。祀郡学乡贤祠。

陈登，字元龙。廷尉球从孙。本传云：后世称陈登"伏波将军"，庙祀于泗之洪泽，故今洪泽有元龙庙云。登，忠亮高爽，深沉有大略，少有扶世济民之志。旧典文章，莫不贯综。年二十五，举孝廉，除东阳长，养耆育孤，视民如伤。是时，世荒民饥，州牧陶谦表登为典农校尉，乃巡土田之宜，尽凿溉之利，粇（kāng）稻丰积。奉使到许，操表登为广陵太守。登在广陵，意图吕布，明审赏罚，威信布宣。海贼薛州之群万有余户，束手归命。未及期年，功化以就，百姓畏而爱之。登曰："此可用矣。"操攻吕布于下邳，登率郡兵先之。时登弟三在城中，布将张弘夜出登弟就登。及布诛，登以功加拜伏波将军，甚得江淮间欢心，于是有吞灭江南之志。孙策遣军攻登于匡琦城。初到，旌甲覆水，群下以贼众当避去。登厉声曰："昔马文渊之在此位也，南平百越，北灭群狄，吾不能遏除凶慝，何逃之为！"乃闭城守之。将士衔声，寂若无人。昧爽开门，登手执军鼓，纵兵乘之。贼弃船破走，登追斩万数矣。贼忿，复大兴兵向登。登密去城十里治军营，多取柴薪，两束一聚，相去十步，纵横成行，令夜举火，火然其聚。城上称庆，若大军到。贼望火惊溃，登勒兵追斩亦万数。迁东城太守，广陵吏民佩其恩德，拔郡随登，老弱襁负而追之。登晓语令还曰："太守在乡郡频致吴寇幸而济耳。诸君何患吴令君乎？"乃去。孙权遂跨有江

---

① 此处记载，底本清晰无误，可以纠正其他古籍与文章中的误断误传之处。
② 《咸丰清河县志》未录"陈球"，因其对"淮浦即今洪泽地"有争议。

外。操后临江而叹，恨蚤①不用陈元龙计，令封豕养其爪牙。后文帝追美登功，拜登息肃为郎中。初，清未设治，登祠下邳。今洪泽入清版矣，而其乡不祀，亦缺典云。

隋

张斋（yuān），字文懿，淮之清口人，家于淮阴。好兵书，识时务。乡人郭子骥密引陈寇，斋知之，力襄父双帅子弟击破之，②由是以勇决知名，授大都督。平陈有功，封文安县子。复帅（率）水师破逆贼，笮子游于京口，又破薛子安于和州。征入朝，拜大将军。高祖命近御坐而宴之曰："卿为朕儿，朕为卿父。今日集会，示无外也。"寻从越公杨素征江表，破高智惠于会稽及吴世华于临淮，皆有功，进位上将军。历抚州刺史，移齐州，皆有能名。从汉王征辽东，诸军多丧，斋众独全，迁潭州总管，可谓以劳定国矣。祀乡贤。

南唐

刘仁赡（shàn），字守惠，洪泽人。父金，吴濠州刺史。仁赡少喜韬略，通儒籍，轻财重施。仕先主，历黄袁二州刺史，所至以治办闻，进武昌军节度使。中主伐楚，仁赡帅舟师克岳州，抚纳降附，得江汉心。及周谋南侵，时大旱，长淮可涉，以寿春要害地，移赡为清淮节度，谓之把浅。赡至，每岁暮，淮涸辄增戍；朝议罢之，赡力陈不可状；方议增设而周师大举以入。侦至，江南上下失色。仁赡独宴赏部署，闲暇如平时。十一月出师，馘③斩数千。及刘彦贞来援败死。周世宗自将，攻城益急。仁赡素善射，箭射世宗，未至胡床数尺辄堕。世宗移床前进，箭复剽去。赡乃投弓于地曰："天不佑唐耶？吾有死耳。"世宗遣中使说之曰："知卿忠义，奈士民何？"不听，相持至四月不下。子从谏，将泛小舟自全，仁赡命斩之。监军使求救于赡妻薛氏，薛曰："吾固不忍，然贷其死则刘氏为不忠之门。"促斩之，然后成服。未几，赡疾甚，不能理军。世宗至城北，赡已困笃，监军署表请降，舁赡至幄，复舁归理疾。越三日，昼晦，仁赡卒，州人皆哭，将士自

---

① 蚤：早。

② 此处可正《乾隆清河县志》底本模糊的点校之误。

③ 馘（guó）：古代战争中割取敌人的左耳以计数献功。

到以从者数十人。薛氏恸哭不食，亦死。中主闻之，恸甚，赠太师中书令，谥忠肃。或言周亦赠官。中主叹曰："仁赡有知，岂舍我而受周命耶？"加赠卫王，进越王，庙祀至今不绝。明太祖又祀于都城，为十庙之一。赡弟仁规忠勤有功，详载《五代史》及《宋史》。

刘崇俊，仁赡从子，字德修。祖金事杨吴有功，为濠州刺史，有威名境上，世典濠梁。崇俊世为刺史，务行仁惠。南唐升濠为定远军，就以崇俊为节度使，移镇寿州。卒赠太尉，谥曰威。

元

汤遵，字伯钦，福新之子。其先河南人，家于清河之渔沟，仕太常礼仪院都事。张士诚起兵高邮，丞相脱脱南征，军饷不继，遵倾资接济大军数十万者三日。事闻，擢利用监丞，迁海宁州知州。

汤遏，字伯启。遵弟。为沂州兵马指挥，值红巾军围淮安，中外隔绝二年。遏帅义兵杀贼，复掘地开河，运米三万饷之。事闻，上遣使赐龙衣，以玺书褒美之，升屯田判官兼旧职。后被诬，逮系诏狱。时天久旱，御史买住等白其枉，释之，天即雨。由是朝章交荐，累除淮安总管，不就。

明

王衍，字伯蕃。以楷书入监，为人威严，爽剀行己，接物毫发不苟，以此知名于朝。擢为监察御史。永乐间，交趾不附，上命征之，并选台臣可寄节钺者以行众，乃推衍。时交人负固抗王师，衍至，谕以朝廷德威，交人感泣，遂从纳贡，朝论重之。祀乡贤。

汤子厚，洪武间，以怀才报德征授广西阳朔县知县。清慎端方，远人畏服。时修公廨掘地得金数十斤，人献之，辄叱不顾。当道以廉能嘉异之。祀乡贤。

王德芳，以贤良方正征授湖广武昌府知府。爱民守法，一郡以治课最上闻，入觐诏对，悉言军民利弊。宣庙，每为嘉赏，赐以宸翰一轴。复任，卒于官，楚人怀之。祀乡贤。

王通，字文达，工部郎中悦之后。以胄子任鸿胪寺序班，品行卓然。有馈以私者，悉却之。其助善拯难之心，恒若不及。殁于京邸，囊无余金。远近赴吊者，有天丧善人之感。祀乡贤。

王圭，字宗锡，德芳之子，以胄子仕至工部都水司员外郎。修饬河防，民受其赐。时邑之学宫圮废，公举俸钱市材木，重建大成殿两庑诸祠，外及鸿门。充拓规模，以底于成。学者称之。祀乡贤。

石渠，字翰卿，号天全。天资颖异，学问该博。成化中成进士，初授刑部主事。历任山东廉宪，仁恕明敏，才猷远著，凝然为外台之望。其居家庭、处乡党则情理曲致，恂恂然人若不知其宦达者。祀乡贤。

段泰，号拙庵。以乡荐仕山东寿光知县，因事忤逆珰[1]刘瑾，谪边卫，升江西瑞州府通判。值宸濠反，抗节不从。其天性忠义如此。祀乡贤。

苏霈，号竹窗，为文奇卓，不落蹊径，京闱主试极赏之，欲拔置解元，不果。遂领房魁，人以为少抑。为人襟度轩豁，气若春融，人爱慕之。后任处州府训导，多作人之功焉。

杨清，字廉夫，号友竹。弘治中成进士，由户部主事历任浙江布政司参议，性秉纯洁，有竹笼青菜之风。以疾致仕，宦囊可洗，人谓名称其情。居乡与王东皋、沈菊田、马本厚先后五六辈，或素衣名德相亚者结为诗坛，日相酬和。有诗稿三集，自题曰《友竹贻后卷》，都御史潘埙为之序。祀乡贤。

马淳，本姓汪，字本厚，号西园。九岁能文，补邑庠。及长，博学力行，以名义自重，尝赈人急难，尽焚其乡人贷父金券。吴匏庵为相，以旧德邀公，公不往。正德初，贡入监，以母老，乞终养。后任云南赵州同知，摄云蒙两邑篆，平定洞蛮，雪久系冤狱，南人服其明威。致仕归，行李萧然。当事赠诗有"独挟图书数卷回"之句。所著有《西园遗稿》四卷。

王僎，字汝翼，号槐亭。其先固始人，元末有为清河令者，遂家焉。貌朴而古，神明内腴。初以明经，分教渑池。奔母丧，哀毁几绝，后训济宁州。所著有《四书善劝》，人传诵之。《郡志》载："祀乡贤。"

王佑，字翼之，号友松。仕玉田王府教授，为人忠厚朴茂，居乡

---

① 珰：代指宦官。

以和，人服其有长者之风云。祀乡贤。

丁士美，字邦彦，号后溪，嘉靖己未状元。沉厚有量，淹贯经史。初及第时，首辅某欲以内姻结好于公，公辞之。为人谨厚，不露廉锷。在经筵日讲，每进御前，必以正言格论，反复开导，神宗亲书"责难陈善"四字赐焉。录《永乐大典》，管国子监，掌翰林院事。五司文衡，皆称得人。由太常卿再晋吏部左侍郎。会当枚卜已入公名，以外艰归，卒于家。赠礼部尚书，谥文恪，赐谕祭、谕葬。史称"谨笃君子"，亦实录云。祀郡邑乡贤祠。

周文炜，字存白，号鲁源。赋性刚直，自为诸生，即有不群之气。遇公事，屹然敢言，或以身任之，绝无浮湛。崇祯中，以明经筮仕[①] 于陕二年。流寇陷会城，公守商州，与商洛兵备黄公婴城拒寇，以忠义激众守之，力竭援绝，城陷被执。贼将以美官诱公，不从，且骂。更絷公幼子元生以至，夹刃胁之，又不从，且大骂。贼断其舌，犹张目喷血，喉中作骂声。贼以铁锄项烧纳吭中，磔之。元痛父死之惨，哭骂不绝口，亦被杀。贼去，商人葬公及元于商城之北而碑识之。请于朝，得祀名宦。公之仲季亦得请于上而祀乡贤。两地崇祀，公直千秋矣。事详陕之《商州志》。

汤日升，字浴阳。幼为诸生，即慷慨好义，拔于流俗。后移家清江，稍稍治家人产而好行其德，每济人急难，多阴骘事。其课训子孙，严而有常，故子及孙成进士且为名家。尤以耕读为家法，不蓄长物，不尚声华，婚姻不厌贫陋，其素风尤足多云。祀乡贤。

陈世美，字体充，号济公。天性笃厚，孝友为家。且善居室谨厚之风不啻万石君焉。及以明经受知于大司马史公，入参帷幄，子且凝献而盛不改容，衣惟布素，其有益于公有利于民者，必慷慨力陈，捐资出粟，不少疑阻。处族属里党之间，宁让毋争，宁忍毋忿，则又能人之所难能，益长者也。祀乡贤。

夏思曾，字诚之，号一吾，性倜傥不犹。读书通经术，达时务，而不喜文饰。胆力过人，少与人交，交则素心投分，终其身无一欺语。

_____

① 筮仕：古人将出外做官，先占卦问吉凶。后称初次做官为"筮仕"。

万历中，以选贡判开封，一时案牍风清，民安盗息。诸当事交口称之。一摄临颍，次摄郑州，又次摄禹州兼许州，爱杜者争于界上，借寇者遮于军门，当事叹曰："夏公诚众人之母矣。"越三年，报绩，迁乾州知州。公以秦地苦寒思归，具文致仕，不待报辄就道行。乾之士民攀辕送有至数百里者。既归林下，惟以一卷一枰自娱①，不与他事。年七十三卒。

吴璜，字元锡。幼敏悟，博涉群书。为诸生时，每试辄高等，邑令永清张公甚器重之。置书院，推为诸生领袖，课读其中，璜乃究心濂洛②之学，有得曰："人参三才，惟此心耳。"故自号"心融"焉。万历甲辰，以乡贡第一，廷试授泾县训导。是时，清邑以分黄凿河、河成地废而赋不除；璜草疏千余言，同义民薛璠诣阙上之，得豁。由泾训迁兖授学，使者熊芝冈称其"端雅造士，不愧师表"。年九十五，灯下犹作小楷。一夕，梦左元放来访，忽卒。

杨茂林，字春寰。质醇敏嗜学，有文誉。十四岁补博士弟子，旋食饩③，名噪一时。从游者至，馆不能容。万历丙午中副榜，主试者有遗珠之叹。遂准贡。居乡德履和平，行不动尘，目不邪视，虽一介不苟取于人，学者比之王彦方云。

仲汝孝，字纯吾。其先泗水人，先贤仲子之后。家于清河有世德。公为人醇厚雅重，不苟营逐，性宽大，能容茹人，乡党称为有道先生。读书博综经史，文字尔雅，凡邑中碑铭表传之辞，多出其手。九入乡试不第，遂以年贡仕至凤阳教授，师表之望卓然。致仕归以乡饮宾，公自邑大夫以下，执事莫不严重，曰：惟先生称是礼云。所著有《泗水家乘》。

万斯年，字天佑，家世忠厚，联宗党，能忍让，乐施于人。事上接下，从无失声失色于人者。邑令敬之，延为西宾。时有恶少年詈其门者，乡人共忿，公闭门谢之，若弗闻也者。以岁贡历任至顺德教授，皆有宦绩。年老致仕归，巡按张懋爵廉其名德，造其门存问之，有加

---

① 枰（píng）：棋盘。此指以读书与下棋为乐事。

② 濂洛：北宋理学的两个学派。"濂"指濂溪周敦颐；"洛"指洛阳程颢、程颐。

③ 饩（xì）：赠送食物。

礼云。

贾世芳，字培元。性直方，疏财好义，尝以遗产让两弟。开义塾以教授里中贫子弟，不取其修脯钱。捐资修建西庑，赎马户滕美于杖下，救船户董举于水中，皆其见义勇为不为色取者。至于为里民请命，上台屹立敢言、义形于色；上台每倾听之，多所许可，重公之义也。天启中，贡于乡，因母丧，哀毁致病，寻卒。

周世荣，字心虚。读书略章句，以程朱理学为宗。尝教门人以直内方外之学，行己严毅，虽一言笑不苟，人称为周夫子。崇祯初，贡于乡，以母老禄养任四川长寿县丞，摄长郿两邑篆事。雪沉冤，平久讼，民服其明。有暮夜馈公金者，公曰："汝欲以曲作直耶！"叱去之。尝言："某因母老邀禄养，何敢以苟得污我母菽水也！"后迁思恩府经历，因地近岚瘴，不敢奉母，告归终养。定省之节，盖终身如一日云。

汪道徵，字心澜，自弱冠为诸生，器识远大，好集书，曾以麦一舟，易彭城大家藏书千卷，授读诸子，必焚香启椟敬命之。敬贤好士，惟日不足。倡立培风文社，以集邑中名隽，讲学会交膏火，饮馔皆自备。供给之数，十年不倦。邑里渐于文风。于家立大宗祠，置义田，以联宗族。简其子弟之秀而贫者，馆膳如诸子，多所成就。天启中，以例贡不仕，以司马家法教于家，庭内肃然，七子皆成名，人比之七业具兴。与乡饮宾席者二十年。年八十卒。

王用时，字心易。为人直谅，沉挚不苟合。与人语，必据其是非直剖之，无一言依违者。然持身谨恪，不以圭角碍人。饮酒温克，至终日不乱，虽同辈皆严敬之。任天长学训至谕，凡八年，率以身教士，士风一变。当事以师范首荐之，谢归林下。时七十岁矣，峨冠博带，动容周旋，未尝一失体也。

刘尧辅，字台垣。幼食贫力学，奉孀母以舌耕供甘旨，能色养。以析产，兄弟贫者，复割金与之。居乡恂恂然，从无厉色怒声以及佣隶。与人相接，颜必霁，揖必恭，语必款曲若不及者。天启中，以选贡任永川县丞，迁叙州府经历。致仕归，与乡饮宾席者十五年。年七十三卒。

汪之光，字白生，号电室。性和良，有智略。居家孝友，读书淹贯。崇祯八年，以拔贡授澄迈令。时海外黎乱，破临定诸城，劫杀长吏，势如燎原。将攻澄，公以澄城小，寡聚不足守；即守，必略墟市而民为之虏，不如攻之。于是，率乡兵夜半迎贼，大破之，生擒十数人。中丞沈公大惊异，遂檄公相机剿抚，便宜行事。公乃设盟，长盟兵连诸墟为声援，四境被害而澄独全。观察使林公令公摄临即儋。公为之，悉立盟兵，且互为援。贼犯儋，公以援兵追杀，擒其酋首马镫筋等，纵之归峒。筋恃峒险阻，复叛。公乃密以所降为向导，杀入峒中，贼大骇，伏罪，公仍解其缚，令招其党抚之。督抚按会荐，历官至分守岭西海北南道右参政，以病解任。顺治七年，王师开黎，遂平粤。公为招抚，诸黎（奠）[酋]悉诣军门降。更谕括发累年所掳郡邑男妇千余人，道路欢呼之声不绝。既以母老且病，乞致仕。未几，母故，扶柩至韶，呕血数升而卒。子若千，贫不能返丧，赖江广诸当道麦舟之赙①以归。其旧属士民有千里赴吊者云。琼人建祠祀公，塑公像成，皆下拜流涕，公之得民如此。

国朝

王之藩，字振元，号石叟。才气豪爽，称湖海之士。好读书，旁及天官、地理、河图、遁甲、理数，无不涉猎，通其大旨。顺治初年，以恩贡授通山令，数月民歌诵之。值金贼逆乱攻通，御之不克，将自杀，左右卫止之。贼乃系其母氏及家人数十口，胁之降。藩义声震烈，赤髯横飞。贼壮之，以见其主帅，命之割辫，且曰："好汉子，若降，与尔富贵。"藩厉声曰："藩知忠义，不知富贵。尔自称义兵，乃令人背君弃母为不忠之臣、不孝之子，可乎？愿赐一死。"贼帅不听，令鏖锁之数日。藩以计脱，纵马跃出贼营。越武宁，乃奉印以见部院军门。闻于上，其会题疏云："当蛸尾流离，劲节不屈。"所谓王臣蹇蹇，匪躬之故，惟藩有之。

汤调鼎，字右军，号旨庵。幼负奇气，文采风流，领乡荐即名家。顺治丁亥成进士，授湖广沣州知州。二年解组归里，绝口不道仕籍。

---

① 赙（fù）：拿钱财帮助别人办理丧事。

道韵真素，绿野清风，士大夫皆推重之。然性癖嗜书，楼头万卷，夜读达曙。或赋诗临池，泼墨成雨。年暮目衰，挑灯至用六草焚膏，夜尽一盂。素心友至，夜谈亦如之。著书万纸，行世什未一二。以仲君迎养晋阳，卒于官舍。人以为书仙也。

陈伯埙，字子韶，号昆岩。家世有令德，公生而慧美，丰仪如冠玉。弱冠及补邑庠，以戊子拔贡授长治令。章皇帝引见乾清[1]，谕以洁己爱民为务。长治大邑，民富而淳。埙治之矢，诸公慎务，与吏民相安，无一繁旨，吏民翕然爱之。会以疾告，上不从。每力疾视听事，叹曰："不能朝考职、夕序业，与民相亲，是尸位也。"因再告得请而归。

张四维，号蓄山，邑先贤张公斋之孙也。由明经于万历初授归德府训，升东光县谕。其先为诸生时，丰采环杰，通经传文，为一邑之望。督学御史按淮时，升堂讲《中庸》第一章，阐发天人性命之旨，掀翻训诂巢臼。御史竦听，拱手赞之。一时文名不在鼎元丁公之（不）[下]。嘉靖丙午科乡试，已领房荐。因与主事凿柄，置之副榜，遂义命自安。嘉靖间纂修邑志，宪台赐之额曰"儒宗"。有《蓄山文集》传于家，年八十卒。

陆腾骏，字驭之，号蓼庵。其人沉毅有智略，少而孤贫，读书庑下，有英杰之气。为诸生，辄留心经济。顺治初年，以岁贡授怀柔县令，摄密云，廉干而威清。豪右侵占民田，断久系疑狱，代完密邑通谷一千三百石，豁重编四百六十余丁，吏声大振，迁西城兵马。二年，擢户部河南司主事，监铸、督关，每多宦绩，因病请假构西园为偃息。赡党族，笃故旧，负不责偿，犯不校胜，林下之望归之。所著有《石林汇编》四卷、《南游记》。年七十三卒。祀乡贤。

汪之章，字木夫，号砚山。为人迈爽疏阔，不周旋世法，人以为沽。读书下帷，寒暑不辍，文章力追昌黎。大中丞靳公抚安徽时，曾以币征序文冠冕。因籍其他郡邑，胜事、碑铭、记传多出其手。七应乡试不第，以年贡为灵璧学博士。先年，兄光奉母氏禄养海南，兵兴

---

① 乾清：乾清宫。

132

路阻，不通家问。公携一奚童走五千里迎母归养。比至，而母已殁；逾年，兄弟继殁。三丧旅殡，家口四十余人。公以垂橐经营，再易星霜，扶丧返葬，须发缟然，尤人所难能者。所著述有《古大文章》四卷、纂修《灵璧县志》四卷、《学宫礼乐考》、《砚山文集》。

吴钜，字任斯，号约庵。聪颖绝人，读书一过辄了了可复，下笔千言立就。江右章大力一见其文，深相款洽。究览坟籍，熟谙典故，就质疑义者甚众。有行秘书之称。是时，毗（pí）陵孙文介公倡明绝学，与语，大器之，馆延止躬斋中，讲论心易，属令注释。父丧，大父心融公在堂，侍养俨恪，遵父遗命，为二叔营婚置产，未尝有余力。家近市，足不越户限，面不谋私人。七应乡试不第，康熙乙卯以册立覃恩贡于廷，例考民牧。澹意仕进，亟请于部，授教职以归，更号遁庵。焚弃著稿万余言，曰："渣滓。"既去，清虚乃来严课四子，惓惓于一贯忠恕之旨，皆有声。黉（hóng）序中，建立宗祠，修明宗法。里有争者，耻过其门。远近叹慕高义。举充宾筵，亦不赴，卒年七十三岁。前两月，据几视庭下，如签判状。家人问故，曰："适吏禀吾赴大理卿任，吾已判与之矣。"至期，沐浴，具衣冠，端坐如平时。里人咸传为积学种德之报云。著有《心易解》二卷、《史学正误》四卷、《遁庵藏稿》十卷。

陈伯坚，字子贞，号东轩。赋性豁达，童子时即有推己利人之志。弱冠为诸生，通历典故，闻见益博。康熙庚戌，以明经入对，授布政司理问而不亟于名逮。事父母极敬，处兄弟极友，抚诸子极慈而教而成之也极悫，宗党姻戚莫不赖之。居乡则仗义仔肩，艰阻有不避。先年，里差为累，人持一舌共一胆，积十年无敢先发者。公慷慨捐费，经画多方，控各宪而一变之。清民之得以安居乐业有今日者，公之力也。王师道清口，需夫万计，邑人不能办，吏民皆恐，公为之倾橐助募，不惜多金，而疲邑无驿骚之扰。一时当道交口义之。义乌周公、沣州于公因贫而羁丧、因事而旅困者，公为之助其丧、济其困。事毕，复资其行色而归之。他如脱逋户之桎系，解枉讼之羁亭，毕寒族之婚葬，焚积年之责剂，归穷旅之子使得完其家，拯过客之覆舟而全活者甚众。道有义声，公无德色，求之三代下，若公者有几人哉！暮年谨身节欲，言益慎，行益恭，有黾黾（mǐn）然检身若不及者，又其德之进而弥劭者也。年六十三卒。公裕经济之才而未展其用，上大夫咸悼惜焉。

刘斌，字璞生，号爕师，生而颖异，弱冠补博士弟子员，食廪饩，名噪于时。甲午以恩拔贡于乡。际国初需才，同辈俱显宦，公因亲老色养，雅志恬退。父病笃，焚香告吁，请以身代，而病果瘥，盖积诚有以感之也。家素饶，每遇荒歉，悉所藏以济贫乏而不取其质。逋偿任人，未尝少介于怀。即有券亦焚之，以安贷者之心。其外难有人所不能忘者，处之坦如也。至于立义馆，捐漕粮，无吝情，亦无德色。姻睦任恤，多古人遗风焉。晚年屡檄不起，以诗酒自娱，家事谢之诸子，闭户养高，闲与二三耆旧出游于名园古寺，竟日忘归则随在皆为安乐窝矣。年六十九卒。

武勋

清自韩信起布衣，取万户侯，光昭汉业，勋望赫然。然读其登坛对策，庙谟将略，文采风流，不止以兵法名世外，此专城之寄，封疆之臣，数百年间犹堪一二指数，则清之武勋由来矣。

今制：文武殊科，并用马步射兼制策。隽是选者，多殊能绝技，非仅以（材）[财]力得官。所称干城之才，好仇之德，窃将振缨望诸后起者。

何澜，字海若。为人豪爽，有智略。幼习帖，括举子业，不逞其志。读孙子兵法，喜之曰："此中大有脱活。"遂肆武，绝妙骑射。中顺治乙未科武进士，授福建浦城守备。海寇乱，调防同安。时坼（chè）堠（hòu）戒严，人心风鹤，澜在危疆中身不解甲者三月。因视大轮山群峰环错，如异人奇鬼，奔立万状，乃设伏为疑，外示静镇，寇不敢犯。四境之民赖以安，当事称之曰："此名将才也。"越二载，以积劳成病，卒于官。

独行

亦贤也，而别之为独行，盖指其事为难能耳。然则忠孝大矣，义气次之。事有今古，辈有先后。是亦以为次焉。节取之中，必关伦纪。植名节风劝来者，岂敢为饰辞乎！古云：一予一夺，鬼神莅之。

元

汤福新，字寿之。至正间，尝自出资筑广堤四十里以障淮水，使不侵民田庐。又捐资浚邗沟，以通漕运。代桃源贫民输海运米五千石，开涟、沭二河，令通舟楫便民。天历中，两淮大饥，运粟熬粥以振之，多所全活。虽至易箦之时^①，犹嘱诸子建清、桃、安、沭各学舍。后皆举行，盖义侠之淳笃者。以子遵贵，赠奉训大夫、海宁州知州。翰林承旨张仲举铭其墓。

明

王仲英，轻财重施。正统六年，岁大饥。英输麦数百石以赈之。当道上其事，奉旨表闾。

王彦，字士夫，幼知孝爱。方数岁，值父豸（zhì）醉寝，彦侍左右扇之，不去。久，或招之饭，曰："候父醒。"又一日，侍父栉，见白发，即泪下，曰："父老矣！"事母杨氏尤谨。昆季之间复能友让，食必相召，饮则同欢。自少至老，略无乖戾。知县吴宗吉表其庐曰"孝义之门。"

吴从众，号心谦，邑庠生。为人严正而性至孝。万历辛丑，家被火，烈焰四起，失母所在。众号哭，冒烟入寝所，负母于背，仆至再三，力疾支吾，卒出焰中，致母衽席。延至次日，众且死，犹力呼曰："娘无恙乎？"家人曰："无恙。"众曰"足矣"。遂绝。又日，母亦绝。母尚有完躯，子身则糜烂矣。知县关香申其事，按院高攀枝具题，奉旨建坊，额曰："焚躯孝士。"崇祀郡乡贤。

卞孝子，不知其名。世居河口，性至孝，曾割股肉活母，人称为"卞孝子"。年老矣，家贫，值其兄诞日，谋所以上寿者，不获。早起，过闸，见人网鱼，因借网仰祝曰："我兄生日，求一鱼上寿。"遂一举得鲤，喜驰献兄。兄喜，复同之放生于河而归饮。人以为孝友之感。

周元生，商州守臣周公之少子，以业儒随父任。贼陷商州，左右

---

① 易箦（zé）之时：调换竹席的时候。指病危将死的时刻。

趋曰"避之"，不听；其仆牵之，亦不听。曰："吾从吾父耳。"及贼入，缚至其父所，夹刃胁之。义不降贼，遂与父同骂贼而死。商人收葬于其父冢之侧而并祀之。详载《商州志》。

国朝

王孝，王国幹子。幹与其弟国勋同居，孝事勋亦如父。时十三岁，勋病剧，孝侍寝，泣下，刲其股肉进之，勋病遂起。康熙七年，知县周世璡旌表。因以"孝"名之。

隐逸

今之人物，不出于勋名则归之于独行，龙门甫里遂空谷之足音哉。夫所谓泉石膏肓者，别具一格而时止则止，不屑乎次。且嗫嚅之行者，犹圣人之徒也。尧舜之世，下有许由，当不谓伯乐一顾骐骥千里而枥下皆凡马也。易曰：肥遁，无不利，圣人与之。

明

王豸，号东皋。幼有异敏，博涉群书。工诗赋，性磊落，不苟合，一时先达名宦皆重其名德，乐与结纳追陪，推为社长。淮郡守溟南杨公得先生《兴集》及《清河八景诗》，以示版部。漳涯薛公，击节不置，谓有三百篇余风焉。结茅东园古栎下为木隐，年八十余犹携杖高吟，与诸君子唱和风雪，康强无恙。一日，少参友竹杨公[①]疾革，遗书永诀。公曰："人之死生如昼夜相代耳，何异焉？"即引纸答诗，亦与之诀。八十三岁卒。

王立，号三洲，豸之长子。弱冠补邑庠即有文名，少参杨友竹以远大期之。屡入乡试不第，遂投举子业，以诗翰自娱。尝闭户高吟，或出就园林，登眺游咏，数日不归。所著《解蹇咏史》诸篇，皆洋洋千余言，推见理数，上下古今，为一时士大夫所传诵。其翕然出世之意，大雅春容，绝不一露廉隅。或放言高行，为时所忌者。以是历任邑令以乡饮酒礼宾，公皆固辞不与。年八十二卒。先期自作像赞及挽歌数阕，戒子孙以"丧具礼仪，悉遵朱氏"，盖隐君子也。

---

① 少参有竹杨公：少参杨有竹。

何汉，字广矣，号古狂。聪颖过人，读书强记，日能万言。为文夭矫有奇气而不拘牵绳墨，故累试棘闱不第，亦恬处之。家居任达，于求田问舍之事绝不萦心。尝寄迹山水林麓间，流连题咏，奚囊不满不肯归。一时吴楚名士，无不投分订交，所许者则终身一日，形骸可以脱尽而不自文其所短。所有一诺与之，不惜也。晚年客游邗上，与范石湖先生听潮和歌，二十八首梓为人世。年七十四卒。以诗别友人为极工律体，言笑自若焉。生平著述，除游涉散佚外不计，为诗为文为杂述凡若干卷。

流寓

志人物者，重邑产也。流寓焉何以志？志非其产而重乎邑者也。名山大川之间、古道邮亭之际，其为贤人君子车辙所经、题咏所及，好事者皆乐得而称述之。况乎名胜之区地以人传彰彰显迹者哉！

老子　清河南山名老子山，相传老子曾炼丹于此。按：老子，苦人，生于亳州。清河在春秋与苦、亳同为宋之近地，名山连亘，或为伯阳杖履所经云。炼丹，则后人祖玄元而附会之耶。

甘罗。按，《史记》："甘罗，茂之孙，下蔡人。"下蔡城在寿州。又云颖人，颖上亦下蔡地，故今颖上有甘罗冢。清河东有甘罗城，本秦置城，土中尝得小钱，名甘罗钱。城上旧有甘罗祠，则罗之旧游在清，审矣。但罗使赵返秦，拜上卿，复以祖茂田宅赐之，未审何时筑城于此。或曰宦游，或曰侨寓，无从考据（已）[矣]。

路氏，张书典继妻。典卒，遗有二子，乃前妻所生，长五岁，次三岁，孤苦零丁，张氏一脉不绝者如线。路年二十，誓不改适，抚二子如己出，教养成立，至于克家。迄今四十余年，始终不渝其节；且继母而慈，为世所尤难焉。

列女

天下事有须眉丈夫之所不能而巾帼女子能之者，此亦有天焉将生圣贤即将成豪杰，非节行标致之所列也。虽然，国风之贞淫，治乱之本也。匹妇之身，肃然大义，则名教世界中所不可少，故吾于列女有取焉。

秦

漂母，不知其氏，尝漂絮于淮阴城下，韩信钓于其侧。信饥，母饭之，数十日不衰。信曰："吾必重报母。"母曰："吾哀王孙而进食，岂望报乎。"呜呼！德人而不望其报，母教信矣。后信封楚王，召母，赐之千金。

南唐

薛氏夫人，清淮节度使越王刘仁赡之妻也。赡守寿春，周世宗引大军攻之。赡誓死守，幼子从谏泛小舟将以自全，赡令军法斩之。监军求救于夫人薛氏，薛曰："吾固不忍，然法不可私，节不可损。若贷其死，则刘氏遂为不忠之门，妾何面目见将士乎？"促斩之，然后哭成服。及城陷，仁赡死，夫人亦不食死。

明

何氏二女，弘治中流寓盱眙。年饥，其父卖之，但云作妾，二女觉其非良人，遂交臂投淮水死。[1] 盱眙上其事，立双贞祠，至今祀之。事载《淮安府志》。

王氏，袁逵继妻。娶未数载，逵故。王泣，誓死守节。抚孤子辂至成立，年八十余卒。

周氏，顾刚妻。刚业铁工，周处之晏如也。年二十，夫故，号泣几绝。俟家人就寝，遂缢死，合葬。

许氏，邑庠生苏儒妻。年二十，生子三岁，夫卒。数月，子亦死。既葬，亲邻劝以他适，许乃密带夫及己之衣物诣墓前焚之，焚毕归，遂缢死。

范氏，李政继室，汲县范璋女也。政为河南胙城县尹，妻卒于任，娶范。政子元亦卒，遗孙在襁褓。政致仕归，以疾终。时范方十八岁。政临危语范曰："汝年幼，当择良家嫁之。"范呜咽垂涕，徐曰："待后再看。"遂杜门纺绩，鞠育二孤孙。或至亲有所询，必隔帷应之，未尝

---

[1] 此处事例，可补《乾隆清河县志》底本模糊、字迹难猜之憾。

露其面。有茂族求娶，厉声叱之曰："使我少变所守，何以见吾夫地下耶？"弘治十八年奉旨旌表。

邵氏，马海妻。年二十二岁，夫死，励志守节。抚孤子玺成人，娶周氏，生子显而玺亦故。时周年二十，显未满岁。周与姑相淬砺，专纺绩，以抚子显。邵与周俱年逾七十卒。弘治十八年奉旨旌表。

赵氏，王景福侧室。福为馆陶司训，无嗣，纳赵，卒于官，竟无嗣。时赵甚少艾，随嫡张氏扶榇归，誓与死守。杜门纺绩，事张如母。张有疾，汤药必亲尝进之。张年八十卒，赵亦七十岁矣。嘉靖四十四年，本县竖匾表之。

张氏，王汲妻，桃源张推官女也。年二十，夫有疾，割股救之。夫故，坚意守节，年八十余。本县申其事，表之。

张氏，汤凤妻。家甚寒，年二十二岁，凤死，即甘饥饿，守子湄至成立。娶杜氏，湄寻卒。杜方十九岁，无子，怜姑老，效姑，死守不二。收族中子抚养，以为湄后。

赵氏，邑庠生许滋妻。嫁岁余，夫故，号哭不饮食，家人防之。后数日饮食如常，防者少懈，遂闭门自缢。知县郭琳申其事，抚按令立祠祀之。

金氏，王咨妻。年二十五，夫故，子科方周岁。金终日抱孤抚枢痛哭。父母多方劝之嫁，竟不易。年七十终。

梁氏，史载妻。年二十五，夫故，坚志守节。嘉靖四十年，知县竖匾表之。

艾氏，父江西人，业银，居清。因母寡兄故，侍养母不忍离，遂不嫁。及母终，则曰："吾三十余矣，复何为？"终身独居，澹如也。知县郭琳申其事，以贞孝表之。

王氏，仲朝纲妻。年十九嫁纲，未几夫死，无子。其姑病瘫且贫，氏以子道孝事之，不夺志。姑卧病十余年，饮食厕席皆氏抱之。兼以针䌀佐汤药。两小姑虐苦之，不怨。姑死，送葬。礼嫁小姑，始抚一仆女，甘贫终身焉。年七十四卒，合葬。

张氏，陈僧民妻。①夫卒，张二十一岁。舅姑②老，子廷策在襁褓中，家徒壁立。氏守节，以纺绩供朝夕。色养舅姑，每问所嗜曲致之，所向曲从之。二十一年未尝少懈。舅姑殁当岁凶，衣衾殡葬，竭力成礼而哭尽哀毁。子廷策亦以母命孝祖父母及母张氏，读书养志，十六岁入邑庠，乡人称之，以为天报其孝。崇祯九年奉按院张题请，建坊于河东之天妃镇；每岁给米二石，布帛四匹。七十三岁卒。

马氏，周应奎妻，崇祀名宦乡贤周文炜之母也。奎卒，遗炜及焕皆幼稚。翁在堂，年且耄，马侍左右，供馈膳如子事父。翁逝，哀毁，敛葬成礼，尽焚乡人贷金遗券。以家法教子，勉以忠孝节义。虽一出入，必禀命，不敢越礼。长子文炜以乡贡仕商于为忠烈名贤，孙元生为烈孝子，皆马氏之遗教所致。本县历有旌表。

仲氏，邑庠生王步武妻。武殁家贫，仲有孕数月，姑陶氏哭子丧明，仲以绩侍，未尝辄去左右；起居登下，必扶掖之；饮食捧之；秽，亲涤之。岁时节朔，未尝一返兄弟之家。姑老没齿，必麋其肉屑，其米谷以进，时瓜果出，必浆汁饮之，或啑（dōu）咀而口哺之以献。新寒则抱姑膝于怀，暑则扇其枕席。虽姑熟寐，不去。姑尝云："予累贤妇，心不忍也。"仲子生五龄，姑卒。仲终身不衣色衣，为人刺绣，未尝以彩线针插其首髻。崇祯间，知县何光斗申其事，抚按赐之肉帛，累次旌表。年八十四卒。

陈氏，汪应庚妻。庚卒，遗孤道美才周岁。氏与其少姑余氏杜门苦守节四十八年。奉其翁震岳公家法如存日。即遗墨藏书，未敢失一卷帙，故能教子成就，以贡于乡。崇祯间，知县何光斗申详，抚按赐之肉帛，累次旌表。年七十三卒。

张氏，邑庠生张之玉女。天性笃孝。年十八适庠生王鼎。值姑陈氏病笃，氏泣涕告天，剜腹割肝和羹进姑，姑愈。又值母王氏病将不起，泣而归宁，亦刲股救母，母病亦愈。崇祯间，知县何光斗申其事，抚按学院具有旌表。寻卒。

---

① 此处可补《乾隆清河县志》底本缺页的相关内容。《咸丰清河县志》仅以《乾隆清河县志》为参照本，也无此事例的具体表述。

② 舅姑：古时妇女称丈夫的父亲为舅，称丈夫的母亲为姑。

谢氏，汤日章妻。章早逝，谢幼遗孤数岁，谢即斋志守节。家贫，尝备历辛苦，皆闭门自茹，不令人知。外言不入，内言不出。虽宗党至戚，未尝一遭其面。年八十卒。本县旌表。

国朝

汪氏，儒士仲汝彝妻。彝性最孝，事母凌氏，无违声色。及病剧，嘱氏曰："我死，必养我母。"氏应且泣。自此，起居、饮食、寒温，必曲体奉之，如彝存日。姑殁，破屋产以措大事。或曰："居室以藏头，汝母子不顾后日乎？"氏泣曰："为子孙计安稳，而母氏不免暴露，何以慰儿夫于地下？"卒殡葬成礼，率其子依兄弟以居。年八十卒。

张氏，生员汪之灏妻。灏病剧，张刲肝救之，不获。张时十八岁，怀妊五月，与灏泣诀，誓以死守。后生子必达，抚养成立，以寿终。知县刘汉藜旌表。

王氏，庠生汤辂（lù）妻。其舅澧州刺史调鼎患腹疾，甚殆。王忧之，刲股肉托鲜鱼汤以进，寻得瘳（chōu）。越二岁辛亥，鼎病如初。王祷于神，愿以身代，梦中见白发翁告以生日死，不悟。是月二十五日为鼎降辰，王忽呼次女起，令礲栟，拜乃翁寿曰："我今死矣。"是时，王无病也。忽卒，乃悟神语。

孙氏，刘兆庆妻。庆卒，家贫。孙抚遗孤，斋志守节，历四十五年，艰苦经纬，致子克家，享素封。孙成乡贡，多母之教焉。顺治九年，知县闵三元申详抚按旌奖。

冯氏，王应张妻。夫殁家贫，抚孤守节，以纺绩自全活，历四十余年，人无闲语。顺治十三年，知县于登俊曾有旌奖。

许氏，王梦周妻。二十一岁，夫卒，无子。家贫无所藉赖，依从子以居。出入周慎，从未失言失色于人，人敬重之。年七十余卒。

郭氏，刘兆震侧室。震中年无嗣，纳郭，生子，数岁震卒。正室杨氏怜其幼，劝之改醮，郭不从，以死自誓曰："我命如此，何忍弃子而背夫乎！"杨氏卒，郭乃率孤儿就村居，日拾野菜草根以救朝夕。祁寒暑雨，有一二日不举火者。惟日诚勉子鼎向学，以成父志，曰："我为刘氏存一骨血，故忍死以至今耳。"年六十一卒。

陈氏，王崇美妻。美卒，陈二十五岁，一子仅数龄。家无生产，以绩自给。至隆冬，龟手不辞。尝僦屋，邻富人居，见其妇女珠翡锦绮，辄杜门引避。虽至亲求一见面不得，其励志如此。年七十二卒。

周氏，生员汤三策妻。策故，氏年二十几，遗孤尔晋甫六月，即矢志守节，依其媜姑，别室以居，曲尽孝养。时伯兄家事豪富，衣食美丽，宴会优歌时时有之。氏与同产爨，独居一室之中，足不越户限，布蔬自甘，略无嫌忌之色。子稍长，课以父书，卒成其志。年六十四卒。

丁氏，邑庠生汪必达妻。达早卒，家贫，子纶才三岁许。媜姑张氏多病，每思子至恸，氏辄为解慰。姑病剧，刲股肉为羹进之。姑愈，以针线供饘（zhān）粥而恶其以手遶示人，终身依兄弟以居。赠礼部尚书文恪公曾孙女也，与姑称"一门双节"云。

张氏，邑庠生王乾妻。性幽静，寡言笑。乾卒，一子始晬[①]，辄罢膏沐，毁钗钏，文绮不复用，起居严饬，犹如处女。自归宁，外虽戚属不相往来，不诣庵庙。子稍长，口授《论语》句读，卒成名业。

卞氏，邑庠生张与弼妻。弼以中年继娶，未几卒，遗二幼子。值明末兵荒，身历艰苦，在颠沛中举止有常，言笑不苟，见者无不起敬。

许氏，王应震妻。震殁，子甫二岁，遗腹复举一子。家贫，无所赖。寒暑晨夕有人所难堪者，氏处之晏如。尝言："全名节、保遗孤，是我大事，他不足计。"人称其贤。

黄氏，仲孔训妻。性婉娩，有妇德。训卒，家计怜苦，誓不更嫁。抚诸孤以十指自给。夫弟某无嗣，病且革，以氏季子为言，人难之，氏曰："吾夫尚有后，叔无后可乎？"即日过房。尝以色自晦，所居草舍一间，前灶后寝，寒暑绩其中，虽比邻久居者，未尝一望见颜色。后以居湿成瘘，病卒。

周氏，孙岐山之妻。山卒，子生数月，家贫至并日而食。父母劝之更醮，不从，解以大义，茹苦如饴。子稍长，即遣就学，以针佣佐

---

① 晬：古代称婴儿满一百天或一周岁。

142

其束脩^①，久而不倦。人以为难。

朱氏，周大生妻。大生故，遗二子，朱二十四岁即抚孤自守，事舅姑力尽妇道。后避乱，率二子庄居，备历艰苦。年七十三。

孔氏，生员万民命小妻。生子四岁，命故，氏年二十一岁。有新贵纳重币求娶，氏抱子泣，不辍。或劝譬之，氏乃引刀截发以自誓。末年，奉比丘之教^②，茹蔬断荤，以习苦空，教子读书，入邑庠，成其志云。

严氏，陵水知县汪之恒妻。恒娶严二载，生子元健匝岁^③，随王师入广迎母，家人多阻之，严独劝行。即日手制衣装，脱钗钏以助斋囊，略无牵顾离别之色。恒在广十年不归，严无怨言。丧讣至，数日不食，几自裁，家人救免之。曰："汝死，子何以生？"严乃杜门教子，伴读书，永漏不倦。子卒成名。严自十七岁嫁恒二年，恒入广，生离死别四十余年，身经家难多端，卒成名节，称难能云。

赵氏，侯荫远妻。远卒年二十，赵时十八岁，有娠三月。及期而娩得男，赵色喜曰："侯氏有后矣。"时翁姑皆老，爱孙而怜其妇，多姑息之。氏不自专，孝事舅姑，缟衣练裳自安焉。翁姑殁，殡葬以礼。其立身教子，皆有家法云。

印氏，吴荆妻。荆业儒，贫不能给楮（chǔ）墨，印以手绩供之。遇岁校，则脱其簪珥，以嫁衣为资斧，略不怨望。荆早殁，遗一子三岁，翁姑皆老，无力自食，印奉养之极悫。历岁荒，井臼糠糟，备极艰苦，犹愉色婉容以事其舅姑。其舅姑每为人言辄泣下曰："真孝妇也。"

叶氏，丁时行妻。行卒，子在提挈，丁氏不绝如线。叶励志以保遗孤，备历诸艰不变。舅姑老，叶孝事之，亲劳苦，甘澹泊，故能守其产业不坠，教子以成。

丁氏，沈绍庆妻。年二十一岁，庆卒，家贫，翁姑老，氏守节奉养，以孝称。子女零丁，氏善鞠之教，以操作勤俭，择配名门，子底

---

① 脩：干肉。古代学生与教师初见面时，必先奉赠礼物，表示敬意，被称为"束脩"。

② 比丘之教：即佛教。

③ 匝岁：满一年。

于克家。苦节七十年，九十一岁无病而终，乡人以为节孝之报云。

陈氏，生员王用衡妻。衡早殁，氏年二十四岁，家贫子幼，不能为生。氏乃励志抚孤，以纺绩度日。天启四年邑大灾，火逼丧庐，势不能救。氏冒火哭入夫枢之侧，愿与共焚。火倏（shū）退舍，以众力救免，为烟气熏灼病苦，逾日而卒。乡人皆称叹之。

丁氏，生员陈键妻。氏年十九适键，即能执妇道，孝事舅姑，婉娩俞从，为舅姑所怜爱。年二十五，键卒，氏哭之恸，数日不食，呕血一升，欲自尽以殉。其姑苦劝之曰："汝即自了，不念二子及孀姑乎？"氏颔之。越二十年，为长子仁治毕婚事，故疾复作，凄然谢姑，年四十七卒。

孙氏，庠生李芳甲妻。甲病笃，泣谓氏曰："双亲七旬，子周岁，汝善为之。"言讫而卒。氏年二十七，哀恸，死而复苏。敬守夫遗命，孝事公姑，生死尽礼。时叠罹水患，田产尽为冲沙。日夜袵织自给，并完子女婚嫁之事。饮冰茹荼者四十六有年，今七十三岁，可谓始终不渝其节者矣。

陆氏，庠生王灏之妻。年二十六，灏卒。子继先，甫三岁。氏励志守节，含辛茹苦，历今四十五年，教其子及孙俱成名，妇道、母道两不愧焉。前任知县马元表其庐曰："矢志冰玉。"

许氏，童生汤裕妻。裕卒，氏年十七。哀毁号痛，欲从夫死。家人严防获免，遂誓盟守节。母家以无子劝其改嫁，不从。其姑哭子失明，氏呼神，愿以身代。苦节十六年。染病不起，含泪向姑曰："盖棺论定，儿志毕矣。所憾者，不能侍养终身耳。"言讫卒，时年三十二岁。

于氏，陈崇道之妻。年二十九岁，夫故，守节，至今七十九岁。

王氏，民吴锡妻。故通山令王之藩女也。年二十五而寡。子涛，甫周岁。或劝改适，泣答曰："吾须臾不即死者，吴氏一块肉在耳。"遂杜门纺绩自给。属河决，岁荐饥，其子糊口于外，日咽糠粒，节操益厉。五十九岁卒，子归下葬。家被火，室庐器物俱毁，氏棺岿然独存烈焰中。人咸谓天之酬苦节者不虚云。

胡氏，民周象晋妻。故简州守胡应华女也。适晋，着短布裳，修行妇道有桓少君风。六年而寡，抚育二孤，躬勤家业。其一夭殁，守志愈坚。邑令周公世琏给匾旌奖，额曰："操若松筠。"六十五岁无病而终。

胡氏，儒生杨所居继妻。所居故，有长子麟，前妻陈氏生；次子乾，胡氏出。乾甫周岁，氏年二十九，值家业中落，贫且甚，朝不谋夕。氏能励志苦节，以前子外计农桑糊口，内勤纺织佐之。声不外闻，行不逾阈，和顺为德，贞洁为操。间截发锉荐有陶母[1]风焉。居址滨河，倾塌屡迁，乡里有棺不能葬、葬不能移者，命其子葬之、移之。以食食人，以衣衣人，济贫救乏，老无倦容。年逾七旬，布衣蔬食，不改其素。时麟之子穆中书，乾明经，氏尝戒之曰："我四十年未广人，遍历饥寒，汝辈毋易视今日也。"其履盛忧危、持身淑慎类如此。

吴氏，丁元械妻。械故，氏年二十六岁。子幼家贫，苦志守节，迄今三十余年。教子克守先业不坠，氏可无愧械于地下矣。

金氏，蒋从美妻。年二十四，从美死，遗幼子二人。值年荒，家业萧条，备尝辛苦，誓不改节，日勤操作，夜事女工，自食其力，虽饥寒且甚无怨也。今七十九岁，享年久长，天之报施苦节为不爽云。

历朝制书 附

都察院交趾道监察御史王衍敕命 并赠其父王士艺、母朱氏、妻氏敕命，共二轴。

都察院司务王圭敕命 并赠其父王 、母 氏、妻 氏敕命，共二轴。

刑部山东清吏司主事石渠敕命 并赠其父石岩、母卜氏、妻邓氏敕命，共二轴。

户部湖广清吏司主事杨清敕命 并赠其父杨广、母 氏、妻张氏、继妻周氏敕命，共二轴。

翰林院修撰丁士美敕命 并封其父丁儒，赠其母仲氏、妻周氏、继妻李氏敕命，共二轴。

---

[1] 陶母：陶母湛氏（243—318），晋代大将军陶侃之母。她与孟母、欧母、岳母齐名，是著名的"四大贤母"之一。

右春坊右谕德兼翰林院侍读丁士美父母诰命 一轴。

太常寺卿兼翰林院侍读学士丁士美诰命 并加封其父丁儒,加赠其母仲氏、妻周氏、继妻李氏,赠其祖父丁凤、祖母章氏诰命,共三轴。

顺天府大兴县县丞王敕敕命 并赠其父王佑、母于氏,封其妻孙氏敕命,共二轴。

吏部左侍郎兼翰林院侍读学士赠礼部尚书谥文恪丁士美诰命 一轴。

河南开封府捕盗通判夏思曾敕命 并赠其父夏应科、母王氏,封其妻黄氏敕命,共二轴。

南京中军都督府经历司都事丁有殷敕命 并加赠其父丁士美、嫡母周氏,封其生母钱氏,赠其妻张氏,封其继妻潘氏敕命,共二轴。

鸿胪寺序班王知礼敕命 一轴。

广东海北南道布政使司右参政汪之光诰命 并加封其父汪道徵、母仲氏、妻王氏,赠其祖父汪腾蛟、祖母陈氏诰命,共三轴。

国朝制书

顺天府怀柔县知县陆腾骏敕命 并赠其父陆旸泰、母史氏,封其妻韩氏敕命,共二轴。

浙江严州府建德县知县胡应华敕命 并加赠其父胡守祖、母邵氏、妻黄氏,封其继妻郑氏敕命,共二轴。

四川重庆府丰都县知县汤濩敕命 并加封其父汤调鼎、赠其母皮氏,封其继母周氏、妻龚氏敕命,共二轴。

西城兵马司指挥加一级陆腾骏诰命 并加赠其父陆旸泰、母史氏,加封其妻韩氏诰命,共二轴。

户部河南司主事监督太平桥等处税务陆腾骏敕书

江南新安卫中所守备管池州帮领运千总董国政敕命 并赠其父董应元、母周氏、妻周氏敕命,共二轴。

副将管浙江嘉兴营中军守备事王文福诰命 并赠其祖父王隆、祖母焦氏、父王存志、母邢氏,赠其妻张氏,封其妻汤氏诰命,共三轴。

候补内阁中书舍人杨穆敕命 并封其父杨麟、母傅氏,赠其妻方氏、封其妻章氏敕命,共二轴。

先哲著述文目 [1]

王　僎《四书善劝》。

丁士美《经筵四书直解》《典试十程策》。

杨　清《友竹贻后卷》。

王　豸《东皋诗集》。

王　立《三洲诗集》。

马　淳《西园遗稿》。

章　銮《素屏风集》。

张四维《蓄山文集》。

纪士范《嘉靖邑志》。

吴　璜《易经纂要》。

仲汝孝《泗水家乘》。

汪之光《全澄心血》《抚黎本末》《诗稿》《古乐府》。

汤调鼎《周易系辞后传》二卷，《轩辕子》七十七，《辨物志》《兹亭诗集》□篇，《兹亭文集》。[2]

汪之章《学宫礼乐考》《灵璧县志》《砚山文集》。

何　汉《广陵杂咏》《古狂遗稿》。

---

① 底本此处与目录相异。

② 此处底本排版不规范，参照《乾隆清河县志》辨识之。

清河县志卷之四

历朝艺文 ①

序曰：志文以考实也。清邑建自宋而艺文则志自汉，夫亦志其文辞雅驯有当兴废者。然或以文而文，或不以文而亦文，何耶？汉高马上，若竟无有文焉；拔剑砧柱，尚复靖哉。自此以还，天藻葵忠，麟麟史册，间亦有之。以是为国雅则已若夫里歌巷谣，事关风政则复录之，以备他日之古诗犹或存诸。

登坛对

韩信 ②

汉王曰："将军何以教寡人计策？"信谢，因问王曰："今东乡争权，天下非项王邪？大王自料勇悍仁强，孰与项王？"王曰："不如也。"信再拜，贺曰："惟信亦为大王不如也。然臣尝事之，请言项王之为人也。项王喑哑叱咤，千人皆废，然不能任属贤将，此特匹夫之勇也。项王见人恭谨，言语呕呕，人有疾病，涕泣分食饮；至使人有功当封爵，刻印刓（wán）忍不能予；此所谓妇人之仁也。项王虽霸天下而臣诸侯，不居关中而都彭城，又背义帝约而以亲爱王，诸侯不平。诸侯之见项王逐义帝江南，亦皆归逐其主，自王善地。项王所过，无不残灭，多怨百姓，百姓不附，特却于威强服耳。名虽为霸，实失天下心，故曰其强易弱。今大王诚能反其道，任天下智勇，何不诛？以天下城邑封功臣，何不服？③ 以义兵从思东归之士，何不散？且三秦王为秦将，将秦子弟数岁而所杀亡不可胜计，又欺其众降诸侯；项王

---

① 底本此处与目录相异。

② 文题与开头两句，可补《乾隆清河县志》缺页内容。

③ 此处底本模糊十几个字，依《乾隆清河县志·点校本》辨别补齐。

诈坑秦降卒二十余万人，唯独邯、欣、翳得脱；秦父兄怨此三人，痛于骨髓。今楚强以威王此三人，秦民莫爱也。大王之入武关，秋毫无所害，除秦苛法，与民约法三章耳，秦民无不欲得大王王秦者。于诸侯之约，大王当王关中，关中民户知之；王失职之，蜀民无不恨者。今汉王举而东，三秦可传檄而定也。"

上皇帝尊号疏

韩信

疏上大王陛下：先时，秦为亡道，天下诛之。大王先得秦，王定关中，于天下功最多。存亡定危，救败继绝，以安万民，功盛德厚。又加惠于诸侯王有功者，使得立社稷。地分已定，而位号比拟，亡上下之分。王功德之著，于后世不宣。昧死再拜，上皇帝尊号。汉王曰："寡人闻帝者，贤者有也，虚言亡实之名非所取也。今诸侯王皆推高寡人，将何以处之哉？"诸侯王皆曰："大王起于细微，灭乱秦，威动海内；又以辟陋之地自汉中行威德，诛不义，立有功，平定海内；功臣皆受地食邑，非私之也。大王德施四海，诸侯王不足以道之。居帝位甚实宜，愿大王以幸天下。"汉王曰："诸侯王幸以为便于天下之民，则可矣。"于是，诸侯王及大尉长安侯臣绾等与博士叔孙通谨择良日，二月甲午上尊号，汉王及皇帝位于氾水之阳。

窦太后配飨议 ①

议曰：皇太后自在椒房，有聪明母仪之德，遭时不造。援立圣明，承继宗庙，功烈至重。先帝晏驾，因遇大狱，迁居空宫，不幸早（世）[逝]。家虽获罪，事非太后。今若别葬，诚失天下之望。且冯贵人冢墓被发，骸骨暴露，与贼并尸，魂灵污染，且无功于国，何宜上配至尊？

---

① 此文作者应为汉桓帝的廷尉陈球（见卷之三"人物"部分），但底本没有署名。窦太后是汉桓帝刘志的皇后，汉灵帝在位时称为太后。冯贵人是汉桓帝的嫔妃。

廷对策

丁士美

臣闻帝王之致治也，必君臣交儆[1]，而后可以底德业之成；必人臣自靖[2]，而后可以尽代理之责。何者？天地之大德曰生，而其所欲生者，莫甚于民。故立之君以理之。是君也者，承天之命者也，当以天之心为心者也。圣人之大宝曰位，而所以守位者，莫要于得民，故设之臣以分理之。是臣也者，承君之命者也，当以君之心为心者也。君以天之心为心，则有纯天之心，有宪天之政，宗子之责尽矣。臣以君之心为心，则事君如事天，事君如事亲，家相之责塞[3]矣。是知君责任乎臣，臣责难于君，[4]是谓交儆，交相得而益章，泰道之所以成也。

志存乎立功，事专乎报主，是谓自靖。君得臣而化行，理道之所以永也。然则一心一德，君臣固当成其休[5]，而自靖自献，人臣又可不自尽其心也哉！帝王所以礼乐明备而天地官、刑政肃清而民人服、莅中国而内顺治、抚四彝而外威严者，胥此交儆之诚、自靖之谊，有以致之也。

恭惟皇上，禀刚健中正之资，合天地阴阳之德，际中兴极治之会，成明圣作述之能；至道超于元始而灵贶昭祥，精诚格于重元而休徵协应，德教洋溢于域中，威声振扬于海外，嘉靖万邦，迄今三十又八载矣。

臣窃伏草茅，需被治化，何幸囿于天覆地载之中，而游于鸢飞鱼跃之境也。乃今万几之暇，进臣等于廷，俯赐清问，首言夙夜祗畏之心，次言臣工欺慢之失，终及用人理财之道、久安长治之方。臣有以仰窥陛下之心、视民如伤之心、望道未见之心也，敢不披沥愚衷以对，扬休命于万一耶！

---

① 交儆：儆戒，交相儆戒。

② 自靖：各自谋行其志。

③ 塞：堵；填满空隙，堵塞漏洞；像合塞一样重要。

④ 君责任乎臣，臣责难于君：国君的职责在于选用好大臣，大臣的职责在于为国君处理好难以解决的问题。

⑤ 成其休：天下大治，不再紧张，喘息自如了。

臣闻之，《书》曰："惟天地，万物父母；惟人，万物之灵。亶聪明作元后，元后作民父母①。"又曰："惟皇上帝，降衷于下民，若有恒性，克绥厥猷惟后。"盖言天有父母斯民之心，而不能以直遂也。"②于是，即亿兆之中择夫聪明之尽者，而畀之以统一华彝之位焉。

是君也者，上焉而有奉天之责也，子道系焉，敢不敬与！下焉而有子民之责也，父道系焉，可不勤与！天之与民，其理一也，敬之与勤，其撰一也。故明此于二帝，其道隆矣。然必曰"钦若昊天"，必曰"敬授人时"也；必曰"敕天之命"，必曰"食哉惟时"也。明此于三王，其治烈矣。然必曰"昭受上帝"，必曰"下民昏垫"也；必曰"顾谌明命"，必曰"子惠困穷"也；必曰"亦临亦保"，必曰"卑服即功"也；必曰"恭天成命"，必曰"大赉四海"也。若是者何？居君道则然也。故君必敬天勤民，而后为克君。③

又闻之，《书》曰："明王奉若天道，建邦设都，树后王君公，承以大夫、师长，不惟逸豫，惟以治民。"《礼》曰："惟王建国，辨方正位，体国经野，设官分职，以为民极。"盖言君有父母斯民之心而不能以自遂也，于是即类聚之中择夫才贤之备者而与之，以共理民物之责焉。

是臣也者，上焉而有代终之义也，为上为德，敢或欺与？下焉而有长民之寄也，为下为民，可或害与？君之于民，其体一也；忠君爱民，其心一也。故明此于舜禹，其绩懋矣。然必曰"熙载亮工"，必曰"柔远能迩"也；必曰"过门不入"，必曰"敷土奠川"也。明此于稷契皋陶伊傅，其职殚矣。然必曰"树艺五谷"，必曰"敬敷五教"也；必曰"思日赞襄"，必曰"知人安民"也；必曰"俾后尧舜"，必曰"时予之辜"也；必曰"以匡乃辟"，必曰"以康兆民"也。若是者何，居臣道则然也。故臣必忠君爱民，而后为克臣。④

---

① 亶（dǎn）：实在，信然，诚然。元后：天子。也指帝王的嫡妻，元配之后。
② 克绥厥猷：克，克制自己；绥，安抚内外；厥，其；猷，谋略。合指长期艰苦努力，谋求治理国家。直遂：直接达到目的，顺利获得成功。
③ 克君：克绥厥猷之君，即长期营谋艰苦努力而成功的国君。
④ 克臣：克绥厥猷之臣，即长期尽忠职守艰苦努力而成就事业之臣。

三代①而下，英君谊辟，代有作者，而昏迷、而怠弃、而狎侮、而盘游者不少也。名卿硕辅亦不乏人，而诬上、而蠹国、而慢君、而贼民者，比比也。则知唐虞三代②之所以久安长治者，非其气数之适然也；其君臣之交修交省，其人臣之自靖自献者，有以致之也。后世之所以不能有唐虞三代之治者，亦非其气数之适然也；其君臣之以逸以豫，其人臣之自私自利者，有以致之也。

仰惟陛下仁孝之德上通于天，乐利之休磅礴于地。临御以来，圣政之详固不能以殚述，而敬天勤民尤为先务之急者焉。③观诸钦天有记焕发昭事之忱，大报有歌丕扬祗答之敬；以至因星变而敕谕，因水旱而责躬；寅奉之心，彻显微而无间。其敬天也，何如其至也！殆与尧之钦天，舜之敕天，禹之昭受，汤之自责，文之临保，武之恭承，一而已矣。

《无逸》有殿，克念小民之依；《豳风》有亭，昭示力本之教；以至发内帑以赈民穷，减贡献以节民力；惠恤之念，合遐迩而皆然。其勤民也，何如其切也！殆与尧之如天，舜之好生，禹之尽力，汤之子惠，文之如伤，武之若保，一而已矣。

然陛下敬天之心虽已至，而臣之奉承德意者每不能精白以承休；陛下勤民之心虽甚殷，而臣之承流宣化者每不能忠纯以仰副。其在朝廷辇毂，固必有竭忠秉义之臣矣；而违上所命、诬上行私者，未必其尽无也。其在百司庶府，固必有效忠宣力之臣矣，而静言庸违、违道干誉者，未必其尽无也。其在内台司谏，固必有匡救启沃之臣矣，而阿意顺旨、容悦面从者，未必其尽无也。其在藩臬守令，固必有旬宣惠和之臣矣，而尸素仰望、苟且塞责者，未必其尽无也。其在军门督府，固必有忠勇致身之臣矣，而懦怯偾（bì）事、坐损国威者，亦未必其尽无也。又其甚者，上以欺于君，仰以欺于天，胞则害于民，与则害于物；诚有如陛下之所言者，甚哉！

陛下以天之心为心，而诸臣不能以陛下之心为心也。诚使诸臣蚤

---

① 三代：夏、商、周三代。

② 唐虞三代：指尧、舜、夏、商、周。

③ 此处有十多个模糊字，依据《乾隆清河县志·点校本》辨别补齐。

夜以思，各务自靖，俨恪以图之，兢业以承之，敬其事而后其食，毋私便其身图。冢宰以掌邦治也，则曰吾黜陟必公。司徒以掌邦计也，则曰吾出纳必允。宗伯以掌邦礼也，则曰吾教化必修。司马以掌邦政也，则曰吾军属必恤。司寇以掌邦禁也，则曰吾不可以不得其情。司空以掌邦土也，则曰吾不可以不兴其利。以沃君心、以弼君违而台谏之，自靖犹是也。以阜成兆民，以惠养元元而藩臬之，自靖犹是也。大法小廉，百官修辅，而自靖如一焉，则人各无负于心矣。无负于心则有裨于民，而能以君之心为心矣。是人臣之能自靖者，始于一念之不欺，终于有孚之盈缶也；其不能自靖者，始之内以欺于心，终之上以负天子也。有君如此，宁忍负之耶！

臣伏读圣制曰："《大学》之道，专以用人理财为急。用得其人政自治，理财得宜用自足。吁人之不我用，而代理之责，岂我独能耶！"天道不言而品物亨、岁功成者，四时之吏，五行之佐，宣其气也。君道不劳而庶绩熙、治功成者，公孤论道，六卿率属，张其教也。使举代天理物之责而望陛下以独能，是犹长养万物，甄陶万类，不必四时之生成、五气之翕散，而望于穆之天道以独运其化也！不曰圣如尧舜，而水土之平、稼穑之教必有赖于禹、稷之贤；五教之弼、山泽之烈必有待于皋陶、伯益之俦耶！

又伏读圣制曰："兹欲闻人得用、财得理，以至治美刑平、华尊彝遁久安之计，何道可臻？"[1]且欲臣等有言之必尽也。窃以为，用人有道，务乎聪明之实而已矣。何谓聪明之实？精其选、严其课、久其任而已矣。是故精择于未用之先，如其道德经济之兼优，则虽沉沦草泽，隆之大任可也。古有说筑傅岩而爰立作相者矣，慎察于既用之后，如其贪残宠赂之用彰，则必纠之重罚，勿徇其誉言可也。古有烹阿大夫而齐国大治者矣。责成于考绩之余，如其政绩显著，则增禄进秩，勿移其地可也。古有为京兆九年者、为郡守十年者，或请久任，或谏数易者矣。如是而人之不我用者，未之有也。

理财有道，理其所以耗吾财者而已矣。所谓理其耗者，去三浮、

---

① "华尊彝遁"四字，在《乾隆清河县志》中为"内尊外攘"。

汰三盈、审三计而已矣。是故，官浮于冗员也，禄浮于冗食也，用浮于冗费也，此之谓三浮。去浮以存约，曾巩之说可举也。赏，盈于太滥也；俗，盈于太侈也；利，盈于太趋也；此之谓三盈。酌盈以济虚，陆贽之说可举也。有不终岁之计，下也；有数岁之计，中也；有万世之计，上也。是诚天不能使之灾，地不能使之贫，盗贼不能使之困，苏轼之上计可图也。如是而财之不理者，未之有也。然此固用人理财之方也，所以求端用力之地，臣请探本尽言之焉。

孔子曰："为政在人，取人以身。"言纯心为用贤之本也。今日之用人，亦曰在陛下之居敬而已矣。居敬则明通，由是而照临百官，将贤否不能淆、邪正不能眩也。居敬则公溥，由是而鼓舞群工，将赏罚无所私、彰瘅无所狥也。以之而取贤敛才，则皋夔稷契之在列而善人为宝矣。以之而默伏庸回，则共工驩兜之放远而不畜聚敛矣。此又非用人之大本乎！伊尹曰："慎乃俭德，惟怀永图。"言克俭为君道之大也。今日之理财，亦曰在陛下之崇俭而已矣。崇俭则后宫无曳地之衣，由是公卿励杨绾之素，勋戚有马廖之风也。崇俭则一人惜露台之费，由是百官有羔羊之节、兆民有蟋蟀之俭也。自是而开财之源，则生之者众、为之者疾，而有财有用矣。自是而节财之流，则食之者寡、用之者舒，而以财发身矣。此又非理财之大本乎！本立则末治，上行则下效。由是身帅天下而兴让兴仁，将治日益美；大畏民志而使民无讼，将刑日益平。正是四国而中国治安，将华日益尊；蛮貊率俾而守在四彝，则彝日益遁。由是而卜鼎于亿年，由是而传世于万叶。圣神功化之极，久安长治之方，要在本原之地加之意焉而已矣。[1]

臣草茅狂瞽，不识忌讳，干冒天威，不胜战栗陨越之至！

谨对。

淮水分清赋

汤调鼎

维禹导河龙门，拓淮桐柏。九折戾东，千里洒液。清口界泗，昔

---

[1] 注：此处有个别文字与《乾隆清河县志》不同，应是《乾隆清河县志》的编纂者根据形势需要作了改动。

惟堪泽。朱仙既溃，河始南宅。遂挟沛流，与淮薄格。交胸于泗水之危，合气乎韩城之额。

汇两派而夹逝兮，狎此中潢；争一门而互括兮，周比其滂。拔坤维而上际兮，砰磕九闇；迸阴精而立鬣（liè）兮，才潘蛟房。此黝黮而浊淖（nào）兮，或雾黑而云黄；彼滟潋而昭旷兮，齐丽色于朝阳。既湍流以濯足兮，又霁景而濯缨；鼓雄涛以撼日兮，又纹縠以浮清。历风雷而不惑兮，夫孰殚其故也；亘百年之如一兮，嘉不徙此度也。如德木之交让兮，均荣悴于一树也。

尔乃埃飞薄暮，雨洗奔沙，狂飙昼昏，腾虹东斜，缪缪濭濭，彭彭哇哇，或攀霄而走碧，或踔[1]空而蹑云，或排梁而截渡，或狂牛而骇曛。舞蛟人而下泣，感游子之索群。终泾浯而渭索，区派别而流分。[2]

及夫执矩乘秋，玄冥北狩。雪劲滩高，霜深水瘦。两河中裂，各恬步骤。浴清风而散彩，遵彝路而回澜。埃卷狂而罢籁，淮弄影而吹兰。右安行而濯玉，左雁序而分翰。咸配精于二气，如代错于两丸。于是公子楼船，朱垠画桨。缥笛沉烟，鹅笙发响。驾长风而首北，信周途而壮往。鼓云吹于芳涛，挹双源于河广。于是扣弦歌曰：坤灵烂兮，明灭涣兮。浮之湛之，各丽畔兮。入江蹈海，颐不乱兮。有辩有章，贞而干兮。君子于敖，德容灿兮。

此沧浪之所以兴歌，汝坟之所以起化也，又何有乎淮阴之侯，项楚之霸哉。[3]

河淮分清赋
邑人汪之章

太极两仪兮，初生水于鸿蒙；区中四渎兮，辟诸侯而朝宗。或龙门兮演派，或陪尾兮发蒙；或碣石兮而下，或秦碑兮以降。四州之分野，冀北兮扬东；千里之殊归，溟渤兮瀛蓬。

---

① 踔（chuō）：跳，腾跃。
② 《乾隆清河县志》沿用此文，此节内容改动十多个字。
③ "此沧浪之所以兴歌，汝坟之所以起化也"两句：采用先秦两个典故，借古说今。"汝"指河南省的汝河，"坟"为水涯、大堤。

胡浑河之善迁兮，屡变而屡从；于清淮之守专兮，分始而合终。争涂南口之下兮汹汹，分界迅溜之间兮澎澎。同流别派兮神功，二渎齐驱兮犹龙。此黄金之万斛兮，浴日月而浮光；彼碧玉之一片兮，含清秋而映空。此八斗之泥缓衍兮浓浓，彼三洲之淀巨浪兮淙淙（cóng）。此紫山倒影兮龙宫，彼青苔被浦兮渔丛。此负图兮文字之宗，彼瑸珠兮贡赋之崇。此应天汉兮纵横，彼劳禹王兮会同。①

各有其神兮，劈流而分风；共有所主兮，合外而清中。谓清漳浊漳而同鹜兮，燕与赵之共度；或浊检清检而并泻兮，鱮与鲋之为距。比滨海之黑白殊分兮，远近以目寓；方赣井之青黄各半兮，渊潜而不吐。即除泉有玄素兮，凉煖（yù）以分贮；虽越溪兼冷煖②兮，冬夏而歧数。

凡川渠有异容兮，匪若斯之交注；维津途而改状兮，无如此之合赴。登台而远瞩兮，似长虹青紫之路；泛舟以挠乱兮，有酥水分明之处。鼋鼍游而避浑兮，循尔界以行旅；鲑鲽戏而畏照兮，抵澄波而反阻。③

夫惟乾坤之定位兮，清浊复判于兹渚；亦胡源流之翼佩兮，色相恒并于万古。必灵瑞之有方兮，若青红二气之浙江；抑魁奇之所产兮，如泾渭合流之咸阳。

故洪泽地灵兮，少府累叶而生元龙；且奕代允臧兮，太师家世而建南唐。淮阴之国士兮无双，金城之太史兮流芳。后先之人物兮相望，兼有其淑气兮观光。

既开龙迹兮泷泷，淯之不浊兮汪汪。灌输转运兮，胥万艘以汤汤；同流滋润兮，成丰年之穰穰。辑瑞天家兮琼与璜，王会北阙兮冠与裳。

分野奎娄兮文章，州域海岱兮泱泱。圣人有道兮河清，水天一色兮沧浪。于河界分兮灵长，复有龟龙兮相将。

---

① 底本此处十余字模糊，依据《乾隆清河县志·点校本》辨别清楚。
② 煖（nuǎn）：古同"暖"。
③ 此处可补《乾隆清河县志》相同之处的模糊空缺之字。

冰河赋

汪之藻

天地之大，五行之中。包络华裔，亭毒鼋龙。大哉黄河，鬼神与通。曾一苇之不度，与小刀之弗容。岂蓬莱之水浅，遂投鞭而车东。[1]

彼泉之始，百泓沮洳。万里中国，再折而至。西薄天汉，东裂砥柱。惊风怒雷，驱神役魅。黎阳古亭，瓠子汉帜。鸳鸯之口，飞云之臂。其立为山，其驰为驷。其幻为鬼，其狂如戏。其暴为秦，其刻为吏。其气虹蜺，其力赑屃。伊百世之雄哉，乃时迁而顿异。维时长蛇赴壑半，没修鳞日乌忧寒。一朝却走飞霜夜，鸣征鸟失喁（yóng）匪风。觱[2]发匪龙，蚴螑（liù）其始也。忽聚忽散，如群鸥鹭之惊。或泙或沉，如吴江浮柿[3]之重轻。其盛也，苹苹訇訇，扰扰砰砰，如韩侯木罂夜渡之精兵。合沓层匝，垒壁坚莹。轧盘涌霫，踰跇（yì）清升。其太阳之云，物上者羊下者，磻石骈集而硁硁（kēng）。吾闻昆仑之山，故名大雪玉峰。千棱冰崖百折石，有时勒水有时结。将电击乎祖龙之鞭，而砥峙乎共工之烈。又闻河伯之神，鱼为人民，水为城郭。昔决香炉，委乱淮洛。穿龟长鱼，生填沟壑。是城廓之弗完而流徙者众也，又曷禁乎大国之悉索。以故天老肃兵，土伯拥川。鸥脾桓胡，环甲披坚。蟹奴鱼婢，奔命后先。撤蝝母之楼，驰射工之弦。移戴山之鳌，集噀（xùn）冰之蜴。蛇蜒连蜷（quán）易，桂海而冰天。

当是时，日不可沐，月不可浴，风不可涛，凫（fú）不可宿。云影不流，汉津不复，淮不分清，河不挠浊。星源赤流，不可瓠取。缝（féng）帻（zé）鬼龙，不可犀烛。浮鹅沉铁，望于冰山。爵舫龙舟，胶于舣曲。此天之所以限南北也哉。

呜呼！其风车而羽为幅，其铁桥而山为麓。将画水而成路兮，跨阆（làng）风之弱流。畴浮查而上天兮，窃织女之机石。吾且溯绣江，濯沧浪，登太山，谒夫子之堂，南旋渡淮，周游大江。买山五泄，吊

---

① 底本此处个别文字模糊，依据《乾隆清河县志·点校本》辨别清楚。

② 觱（bì）：觱篥，古代管乐器，形似喇叭，用竹做管，用芦苇做嘴，亦作"觱栗"。

③ 柿（fèi）：砍木头掉下来的碎片。

古三湘。而今沮矣，是冰彝之妒我，而却足于封疆。

呜呼！神龙变化，制于阴阳。地气沮泄，是谓发房。君子体之，以正行藏，而何疑乎水德之柔且刚。

漂母岸

唐·崔国辅

泗水入淮处，南边古岸存。秦时有漂母，于此饭王孙。王孙初未遇，寄食何足论。后为淮阴侯，誓欲答母恩。事迹贵在此，空伤千载魂。前临双小渚，土有一孤墩。遥望淮阴口，苍苍烟雨昏。几时崩冢色，每日落潮痕。古地多埋厄，时哉不敢言。向昔泪沾裳，只宿芦洲村。

发洪泽驿 中途遇大风复还

宋·苏轼

风浪急如此，吾行欲安归。挂帆却西迈，此计未为非。洪泽三十里，安流去如飞。居民见我还，劳问亦依依。携酒就船卖，此意厚莫违。醒来夜已半，岸木声向微。明日淮阴市，白鱼能许肥。我行无南北，适意乃所祈。何劳弄澎湃，终夜摇窗扉。妻孥莫忧色，更典箧中衣。

过韩信城

宋·黄庭坚

韩生高才夸一世，刘项兴亡翻手耳。终然不肯负沛公，颇似雍容得天意。成皋日夜望救兵，取齐自重身已轻。蹑足封王能早悟，岂恨淮阴十千户。虽知天下有所归，独怜身与哙等伍。蒯通狂说不足撼，陈豨孺子胡能为。予尝贳酒淮阴市，韩信庙前柏千围。千年事与浮云去，想见萧侯决是非。丈夫出身佐明主，用舍行藏要自知。功名邂逅轩天地，万事尝观失意时。韩王沉鸷非悍勇，笑出胯下良自重。滕公不斩世未知，萧相自追王始用。成安书生自圣贤，左仁右义兵在咽。

万人背水亦书意，独驱市井收万全。功成广武至东乡，人言将军真汉将。兔死狗烹姑置之，此事已足千年垂。君不见，丞相商君用秦国，平身赵良头雪白。

渡淮至清河县学醉后留别

明·金实

出浦临大河，滔滔乱中流。微茫辨海色，极目东溟陬。晨经清河县，移棹入前洲。学宫当岸北，桧柏森森幽。孟书坐训席，别我逾六秋。无缘遂良晤，此愿忽已酬。乃翁出远迎，款语不能休。乃弟先后趋，喜气眉间浮。先后添两雏，秋水谿二舟。踉跄越户限，出拜忘嬉游。开筵坐讲堂，殷勤集朋俦。青衿二三子，登降礼数优。工程方见束，那能久淹留。强为握手别，两意空绸缪。扬帆逐前侣，落日风飔飔。昏黑宽舟次，举火惊沙鸥。[①]

入清河有感

明·吴宽

扁舟离东楚，始入清河行。欲向水滨问，如何负河名。清河自南下，黄河来东倾。昔者本异派，下合犹分明。一从河为患，散漫殊纵横。兖豫去故道，迁行过彭城。急流数百里，汹涌势不平。遂令清河浊，敢望黄河清。孰为究其故，厥咎从何生。清浊各归宿，巨海终合并。河伯须率职，勿使识者惊。

咏清河

明·方尚祖

平沙环绕郭，浡荡瓴趋壑。叱驭临淮隅，旷然何寥廓。井厘宋旧墟，遗俗还淳噩。昏垫骇天吴，疏排维地络。湖水蔽富陵，老子山回薄。原隰散轻烟，帆影随青雀。九曲问黄流，浑浑宁如昨。

---

① 此诗可补《乾隆清河县志·点校本》因底本模糊的缺憾之处。

咏清河

明·杨于臣

河淮莽交注，悍激争东奔。百室聊成聚，临流开县门。秋水每时至，一望无平原。河伯所吐弃，艾牧或作村。朝谋不及夕，恶知长子孙。流离不复返，赋役日以繁。议欲委其地，徙民成空言。积逋逮胥吏，抢地狱吏尊。宁解宦游乐，恻恻畏烦言。谁能告天子，蠲恤来殊恩。[1]

胯桥叹

明·顾肇和

断桥茫茫淮水湄，昔贤不存名尚垂。能刺恶少不轻死，出胯将图高远期。筑坛拜将两奚疑，蹑足封侯几已危。功成自合锡茅土，何事翻令三族彝。一饭不料终日饥，千金报德常怀之。汉家宗社四百载，伊谁血战同开基。蒯彻屡说心不移，兔尽狗烹良可悲。一踏淮阴废槁路，凄然老泪沾青衣。

拟寄清河尹李信圭

明·戴诚问

前年征诏强扶疾，花县风光得相识。今年远赋还山吟，孤帆重过甘棠阴。爱客高怀重乡里，况有才华藉人耳。淮甸垂休星采明，蓬莱报政天颜喜。恩深闾阎亦何荣，俗易弦歌信有成。送行多见词垣笔，纪传无惭良吏名。晴衙扶步拟来贺，沙岸侵江欹欲堕。诗字聊将一寄声，船开未暇邀君和。

天师《竹木兰草图》为清河大尹质鲁刘公题

邑人杨清

君不见，九畹之兰馨且幽，托根远地谁堪俦。含英吐秀经几秋，不随桃李呈春柔。又不见，渭川之竹清更长，夜来风雨鸣琳琅。虚心劲节永不忘，任教苍翠凌风霜。嗣教真人能貌此，持赠雷封鲁君子。

---

[1] 以上二诗可补《乾隆清河县志·点校本》因底本模糊的缺憾之处。

160

公余展玩怡心神，气味孤高颇相似。存心端不愧此君，致身直上青天云。承宣百里劳忠勤，光风一转遐迩闻。只恐人间非久见，摇风玉珮鸣金殿。自是同心有国香，不羡河阳花满县。

清河道上
邑人汪之光

江淮北道清河口，千艘风雨乱河走。大者万斛尽螭龙，牙门金鼓杂鼍吼。健儿十辈竞前驱，传呼邑吏供挽夫。一索不已再三索，俱是军门飞虎符。虎符威令诛违误，驿递无人截行路。荒街樵贩一时无，沙走乌啼愁日暮。吴罗杭锦越珊瑚，豪商奇货真可居。大人有力负之趋，但恨贫儿骨已枯。

淮上遇风
宋·范仲淹

好在长淮水，十年三往来。功名真已矣，归计亦悠哉。今日风怜客，平时浪作堆。晚来洪泽口，杆索响如雷。

清河道中
宋·赵子昂

扬舲清河流，开篷素秋晓。斓斑被厓花，委蛇顺流藻。天清去雁高，野阔行人小。故园归有期，客愁净如扫。

小清河口
宋·文天祥

乍见惊吴妇，相逢遇楚兵。北来鸿雁密，南去骆驼轻。芳草中原路，斜阳故国情。明朝五十里，错做武陵行。

清口驿
明·胡俨

夜渡清河驿，寥寥犬吠幽。人家散墟落，舟楫倚汀洲。薄雾浮空起，长河带月流。悲歌何处发，不觉动离愁。

漂母墓
唐·刘长卿

昔贤怀一饭，兹事已千秋。古墓樵人识，前朝楚水流。渚蘋行客荐，山木杜鹃愁。春草年年绿，王孙旧此游。

清口灵运咏
明·苏茂相

河灵果不欺，风马载云旗。川涨连朝雨，信符五日期。漕艘浮浩荡，国庾裕京坻。捍患应崇报，封章奏玉墀。

清河署中
鄠陵刘汉蓁

小邑遥通海，编氓仅百家。四郊多斥卤，一境半荒沙。署阁闻飞浪，公庭见远槎。泽鸿犹未集，极目野烟遮。

又
鄠陵刘佑

弹丸连泗水，清署傍河堤。风俗兼南北，邮传接鲁齐。人家深泽畔，荒戍野云低。佳味足鱼蟹，聊堪慰寄栖。

宿淮阴南楼酬常伯能 即淮阴故城。
唐·皇甫冉

淮阴日落上南楼，乔木荒城古渡头。浦外野风初入户，窗中海月早知秋。沧波一望通千里，画角三声起百忧。伫立分霄绝来客，烦君步履忽相求。"荒城古渡头"五字，为淮阴故城写照。[1]

---

[1] 底本此处模糊十余字，参照《乾隆清河县志·点校本》辨别清楚。

宿淮浦忆司空文明 <small>淮浦即洪泽，考《汉书》陈球传疏。</small>

唐·李端

愁心一倍长离忧，夜思千重恋旧游。秦地故人成远梦，楚天凉雨在孤舟。诸溪近海潮皆应，独树边淮叶尽流。别恨更深何处写，前程惟有一登楼。<small>唐以前多言淮浦，宋言洪泽有馆，则宜舫所停也。</small>

淮阴阻风寄楚州韦中丞 <small>按，此既曰淮阴，又曰楚州。曰寄，则知今郡城为楚州地而清河马头为淮阴故城无疑。徐节孝之言，此亦一证。</small>

唐·许浑

垂钓京江欲白头，江鱼堪钓却西游。刘伶坟下稻花晚，韩信庙前枫叶秋。淮月尚明先倚槛，海云今起又维舟。河桥有酒无人醉，更上高城望庾楼。

入泗口 <small>此即泗水入淮处，以其水清，后又名清口，今黄河夺流矣。</small>

唐·李绅

洪河一派清淮接，蔓草芦花万里秋。烟树苍茫分楚泽，海云明灭见扬州。望深江汉连天远，思起乡关满眼愁。惆怅路歧真此处，夕阳西没水东流。<small>"分楚泽"：接淮也。"见扬州"：淮海惟扬州，亦泗口见之也。</small>

韩侯祠

宋·韩琦

破赵降燕汉业成，兔亡良犬日图烹。家僮上变安知实，史笔加诛贵有名。功盖一时诚不灭，恨埋千古欲谁明。荒祠尚枕淮间道，涧水空传哽咽声。

题复通济闸议开渠二百丈，乃河忽自开，时以为神

明·潘季驯

遥遥玉带碧天浮，一水平分两岸秋。万艘东南开故道，百年淮泗割清流。经营岂俟人为力，穿凿应疑鬼运筹。好绘河图报天子，老臣今以效谋猷。

登甘罗城

明·张元弼

河淮映带古冈平，底事甘罗尚有名。弱岁能持秦吏节，片言曾折赵连城。沙中钱出丹文篆，墙角碑横绿字生。愧我波臣来此地，临风凭吊若为情。

甘罗荒城

邑人石渠

一掬荒城雉堞虚，甘郎可是早登枢。股肱曾使当年重，髯齔能开万卷余。阃赵鹿高欺盗马，奸斯鼠溷愧联裾。相君有术能匡国，谁谓秦人不读书。

甘罗城

邑人汤调鼎

孺子成名相国惊，片言千里得轮平。定从不按鱼肠剑，服赵何须骠骑营。裘马春风秦上客，韬钤密计魏侯生。咸阳田宅浮云变，犹有清河旧土城。

送信圭李大尹还清河

明·杨士奇

当宁仁明秉至诚，滨淮今岁少丰登。忧勤屡下明廷诏，抚字深资令尹能。共爱温如玄圃玉，直须清比鉴池冰。清河未必终淹骑，云路他年看尔升。

和子启清河道中韵

明·胡俨

试看青鞋踏软莎，此中幽景更谁过。坐临绿野开樽俎，行逐东风接咏歌。村落远闻鸡犬静，人家喜近柘桑多。漆园兴在观鱼乐，独倚船窗对晚波。

晚泊洪泽

明·胡俨

雨后淮山数点青，便从云气望蓬瀛。潮平两岸风初定，人倚孤舟月正明。客里寻常劳远梦，天涯次第数归程。夜深酒醒闻征雁，一寸乡心白发生。

清口驿

邑人汪之藻

曾闻驿使戒梅花，孔路从衡剩几家。才送龙书十部节，又传兕甲万军艖。北人简易甘匏芰，东道殷勤费土沙。莫厌荒街人迹少。骎骎舆马闹昏鸦。

惠济祠

邑人汤调鼎

横河编石砥长鲸，香火崇台列绣楹。南狩宫车云日丽，内颁宸翰斗牛平。春漕庾廪通吴会，秋转余皇出汉京。一镇两河严锁钥，至今灵霭接蓬瀛。

漂母墓

邑人丁象临

富贵无忘一饭恩，淮阴旧里凸高墦。千金不食垂纶约，（坏）［抔］土为招漂絮魂。沙岸古祠隤汉壁，风流春草忆王孙。英雄不负死女子，云梦徒劳怨楚猿。墓（傍）［旁］有东岳古祠。

韩信城吊古

邑人汤濩

淮口惊湍拍岸鸣，土花愁锁故侯城。残碑赑屃埋芳草，古堞嵚岑闪画旌。禾黍不消长乐恨，风涛还似夏阳兵。千秋云气时明灭，犹捧丹心入汉京。

老子丹山

邑人石渠

道德修齐竟化仙，青牛脱鞅已多年。黄金曾说何能塞，白首无由发尚玄。劫火毁空金鼎药，野云销尽玉炉烟。后人犹记烧丹处，鸡犬应从尽上天。

又

邑人汤调鼎

柱史何年创大还，山隅丹鼎色犹殷。黄芽火候春烹药，绿字图书晓度关。松柏霜深岩日瘦，牛羊夕下楚云斑。当年余粒沾鸡犬，安得朱吾镜里颜。

淮水分清

邑人章銮

泾渭虽云旧有名，无如淮水更分明。昆仑西下源头浊，桐柏东来彻底清。一派恍疑流玉液，半河常是泻金精。千年到海应难混，试听沧浪孺子声。

淮水分清

邑人汪之藻

淮北朝宗旧禹功，苍茫星海落长虹。澄清高塞鸳鸯口，割据平分蛟蜃宫。半面云山吞吐里，一天星宿有无中。蜿蜒并驾如飞驭，何必胸门望混同。鸳鸯口，河入淮故道。

富陵湖市

邑人汤调鼎

汉武秦皇久劫灰，那知湖市见蓬莱。三山恍惚生鳌背，百雉分明绕鹿胎。水墨云中林壑翠，霏微烟里画图开。地灵咫尺神仙岛，金掌何须接露台。

洪泽渔歌

邑人汤漢

魏武当年此置屯，如今鱼户长儿孙。三秋水缩罾成市，五月湖深鳍满村。中酒不妨眠荻浦，和歌何必鼓雍门。一舟荡漾蓑衣老，不听惊林五夜猿。

吴王墓吊古

邑人石渠

中原割据走英雄，王业终成五代功。忠武当年书显号，清灵此地奠行宫。石麟埋没淮山远，宝剑消沉定水空。惟有昔时鏖战处，夜深清口马嘶风。

吴王古墓

邑人汪之章

淮南老将旧能兵，宝剑光埋距楚营。割地一归唐社稷，封王不恨小功名。一湾渔渚沉孤庙，十月寒花抱土城。莫叹英灵渐磨灭，泉台车马尚纵横。万历间盗发王墓，闻墓内有车马喧阗之声，顷见黑气冲出。

泰山墩

明·欧阳暎

孤峰屹立出淮东，作镇清河地势雄。黛色远瞻连碧落，岚光长见霭空濛。四时湿润衡山并，万古青堤泰岳同。犹有灵祠依北麓，三农从此祝年丰。

妆台牧笛

邑人何汉

镜里军容旷代才，牧童横篴吊荒台。鹃因愁听流脂去，蝶为留香带粉来。四壁山光曾拂面，一天风韵忽惊梅。莫言野调无人和，彼美西方共往徊。

甘城晓波
邑人陆垣
日气开天地，秋风散大河。人烟楼古岸，萑蓼出渔歌。乱水鸥边去，孤城帆外过。前朝湖市见，未卜岁如何。

洪泽馆
唐·皇甫冉
底事洪泽壁，空留黄卷词。年年淮水上，行客不胜悲。

清河
明·钱溥
清河水源清，湛湛见砂石。镇日倚篷看，游鱼尾还赤。

舟过清河题竹送李信圭太守
明·杨士奇
荒落清河县，深劳抚字心。一支潇散意，聊用涤烦襟。

其二
清河贤太守，节操比琅玕。看取冰霜意，从容越岁寒。

清河口
明·陈孚
几年南北战尘昏，共指长淮作塞垣。今日清河河上水，天教洗眼看中原。

出清河口
明·钱溥
黄河滚滚出天源，卷地声如万马奔。自是长淮清到底，应同到海不同浑。

漂母墓

明·罗昭谏

寂寂荒坟淮水滨，芦花绝岛自相亲。虽然冷落千秋魄，犹是韩侯旧主人。

河水五章颂清口陈母也 即陈僧民妻张氏，见"烈女"传。

明·张致中

汤汤河水，维淮之宗。皎皎硕人，维士之从。士之从矣，穴之同矣。匪穴之同，维子职是共。

汤汤河水，载浊载清。皎皎硕人，载雪载冰，冰兮雪兮，躬之阅兮，呱呱者雏，维君子之血兮。

莫苦匪荼，茹则甘之。彼孝而慈，节则安之。何妇匪子，姑后子之死，何母匪父，代尔父之怙。

瞻彼松柏，既风既霜。历年深深，亦莫我敢戕母也。柏只母也，松只既寿，且宁生其荣只。

谓生也荣，实伤母心。茕茕支吾，未亡至今。有隆者楔，揭斯周道，何以颂之，璧还于赵。

清河县新造学舍记①

清河县学，旧有草舍数楹，为经生藏修之所。年久圮坏，不庇风雨。

淮安别驾、前乡贡进士、睢阳安公钝，适分巡其邑，晋谒孔子庙，退坐明伦堂，讲帷既撤，起视诸生号舍，念曰："古者庠序养士、必有居学，而湫隘若是乎？况讲堂不作，诸生何从而燕居讨论，以致其道哉！此有司之过也。"遂毅然以兴作自任。营缮榘度，择命县簿郑君瑄董其事。郑奉命惟谨，市材惟良，佣工惟能。经始于成化庚寅之春，终夏工毕。创讲堂三楹，前为路门，东西居学，为楹者二十，分而为四，以"文""行""忠""信"为号，室俱南向，各缭以垣；垣之南为

---

① 底本无作者。《嘉靖清河县志》为山阳金铣撰。

总门，室前列植以槐。

他日，公往视焉，进诸生而告之曰："学将以学，为圣贤也。学舍之修，特外物耳；圣贤养心修身之道不在于是。诸君居于斯，游于斯，讲学于斯，当以圣贤自期，忠信以为土地，孝（弟）[悌] 以为基址，仁以为宅，义以为路，礼智以为户牖，廉介以为藩篱，经训以为几席，而多文以为饰。夫如是，则吾之一身一心，常在圣贤之堂奥矣。"诸生再拜而受曰："敢不敏乎！"

明年，成化辛卯秋，经生曹钥、翟林，中式京闱。知县李君洪等告予征文，用镌诸石。予谓："安公循行属邑，首新学校，崇儒重道之心，得为政之先务，其善奚可泯乎！"遂以为记。

重修清河县儒学记

莆田翁世资

学校所以崇化本，而隆替之机存乎人。我皇上遴简宪臣，卓卓乎可以表正后学者，授以玺书，专督学政，以造就人材。

惟时，临海陈君选，恭承玺书，夙夜弗怠。凡学政之弊而废者，咸革而兴之；学宫之隘与坏者，咸修而广之；人材之萎尔者，必提撕而振作之。学校之修，未有过于南畿者也。

清河为淮属邑，其学自宋德祐元年建于旧县之大清河口云，成化己丑知府杨昶、同知安钝、知县王高等又咸克承御史君之意，同心协力，各捐俸资修学宫。构馔堂，筑斋舍，以至门库、庖湢[1]、墙垣，悉咸完缮。御史君诣学，见其轮奂完美，乃语昶曰："学校如斯，不可无记。"昶，闽人也。请予文记其成。尝闻："睹河洛者思大禹，瞻甘棠者念召伯。"继今以往，游斯学者，青衿济济，弦诵琅琅；步青云，登紫宸，为忠臣，为孝子，为良相。是固由于学校之兴，而御史君作兴之力，何可忘也。因为之记，以告将来。

---

① 湢（bì）：浴室。

重修清河县儒学记

邑人杨清

贤才之生，无处无之，而养之在得其地而已。大抵用世之才，取具于学校者恒多，而崛起于山林者无几。信学校为人材所出之地，不可缓焉而弗重也。清河县学，予旧游之地也。弘治乙卯冬，会阳谷刘侯以前乡进士来为之尹。政尚廉平，尤专意学校，欲事更之。乃于弘治辛酉纠诸同寅捐俸首倡于学，遂抡材董匠，撤大成殿两庑、鸿门、堂舍而一新之。又绘夫子、四配、十哲像，并造两庑乡贤几案。继凿泮池，改门楼，筑夹道，峻垣墉，立射圃有亭，创公廨有地，表儒林有坊，靡不攻砻密。皆出于至诚之经画，非苟焉以悦人者。工就，犹以前逼民居，于心未慊，将以在官隙地易之。缘岁晚且入觐，不果而止。

越明年壬戌，适都宪张公缙来抚淮甸，驻节清河，谒庙之余，众以侯之素心告焉。公大悦，玉其成。故今门墙轩豁，俯瞰河流。安知斯土斯人不有非常英杰之出以裨益吾君吾民者，此则刘侯遗泽及人之远且大也。一日，教谕杨君鸿征余文记之。窃谓士而受教养之益，究知本源与不靡物力以成大功，皆可大书，刻之贞珉，以垂永久。余虽不工于文。其何辞。[①]

惠济祠碑

刘良卿

淮为畿辅要冲，而清口又淮之襟咽。洪流千里，星赴电游，盘束于两淮之间，其据地险而系人心，盖势然也。

正德初，道士袁洞明始卜地河浒，建泰山行祠，凡公私之待济者祷焉。岁在己卯，武皇帝南巡，止跸祠下，顾瞻久之。逮今上龙飞，圣母章圣皇太后水殿渡河，复有黄香白金之赐，奉旨赐额曰"惠济祠"。于是，士女香灯，远近和会，舳舻荐献，大严于旧，威灵庙貌赫然矣。

---

① 此文可补《乾隆清河县志》底本缺页之处，使其文完整。

道士张真海以神休之遐畅而国典之逾隆也，益募众构阁，为朝真之所；又以为创迹至今而无文纪事，非所以示永，乃牍而来告。

　　呜呼！天下之事，其成毁废置，亦岂偶然也哉？方兹地之未祠也，茫然沙草，郁然冈埠而已。一旦饰土木，崇堂观，无问远迩，咸奔走而归之，神所依也！然考诸礼经，济不越望泰山之祀，奚为于淮渎之滨乎？而事之弥虔，叩之无不应者，为国之所置也！

　　夫国家际一统之盛，握天下民神之命，意之所向，足以鼓六合而来百灵，而况京储千舸，衔尾转漕，虽遐烈幽祇亦当冥赞而煌而肃如兹。岱岳之近望者，顾有不佑乎？而岂寻常之封畛可得而区乎？会地之要，质民之衷，承天之佑，其载诸祀典知永无斁矣。不然则岱岳行宫，何地不有？而祀史之大，锡予之殷，盱蠲之灵，伏腊之盛，乃独萃于斯哉？

　　良卿忝守斯郡，愧无以为民防，然事神奉国之心，不敢以自怠也。文诸石用纪岁月，庶来者得以考焉。

　　时嘉靖二十七年岁次戊申冬十日既望。[①]

改迁清口驿记

邑人石渠

　　清河县清口驿，故在县治东三里许滨河之浒，创自永乐年间。历年既久，淮水汹涌，不复故道，驿基渐为淘汩，门墙倾圮，垫没殆尽。

　　弘治乙卯冬，兖之阳谷刘君来尹斯邑，首至其处。见其栋楹挠欹，使臣无栖息之所，爰召乡宿耆旧，相与相度县治之西马神庙南隙地一区，南北长三十三丈，东西阔三十丈。遂图厥地形，请谋于都宪李公、太守才公，皆可其请。于是构材鸠工，审视高下，巅者削之，垲者培之，梓人度材，陶人埏（shān）埴，攻金攻石。诸色之工，皆执艺以待事。首建前厅三栋，东西厢各三栋，后厅五栋，东厨五，西库五，

[①] 此处刘良卿《惠济祠碑》非常重要，可以正本清源。此前多处见过此文的部分内容，也曾见过其他二三手资料，皆不完美。《乾隆清河县志》底本中的此文因缺页而只有最后两句，此文可补其缺页之憾。《咸丰清河县志》只在考证"惠济祠"的文字中体现了几句内容。《淮阴清河清口研究文集》第214页有对于拓碑的全文解译，但其原文也有多处与此不同。

照壁屹立，牌坊昂竦。厅之后，东有浴堂，西有溷所。驿左古沟，疏浚深阔。北建桥，名曰平康桥。南建闸，名曰平康闸。以泊使舟，避风涛之险。右则官有廨所，吏有房舍。尊卑序，大小别。肇工于弘治九年八月十九日，落成于是年十一月十五日，不三月而完美若是。匪刘侯持廉秉公力任而果为之，吾知其必不能尔，用直书以记之。

清河县分减河粮碑记

邑人仲汝孝

今宇内有四渎，淮与黄称二焉，其水汇于清口之东南境，合流入海。清固素所号为泽国也，然于祖陵、运道犹两无恙。

自万历初年，筑高堰，护民田，障长淮，俾不得东注。遂以清河为壑，而陵寝岁有淮患。当事者忧之，屡议开堰泄淮，以奠安祖宗根本之地。无奈挠之者众，议竟格不行。迨乙未年，总河杨公谓"堰城障淮，淮拥而北，复为河流所障，不能直突入海，既忧在陵园矣。且黄流湍悍，时复南溢淤漕，则又忧在运道。"不得已而议分黄导淮，曲为调停之术，以故开黄坝支河。起大事，动大众，调三省人夫，费金钱百万，诚谓役不大兴则害不能已也。

自是黄河分势，淮由清口得以安澜入海，不可谓非保陵济运之一策也。第支河一开，民田尽为河广地，且河灾衍溢治北一带，延袤九十里而遥，汪洋浩瀚，无复尺土可耕。乃上征有额之粮，下输无田之赋。一遇催科，则镌磨锻炼，其民其负耒而窜他乡者，何可胜纪？

越己酉年，乡民薛瓒者，乃走燕伏阙，陈民疾苦状，累累千百言，真可痛哭而流涕也。疏入，奉旨自元辅暨部院台寺诸公，靡不色动曰："破民之产而复歼民之脂，可乎！"遂移咨抚按会议，于江北府州均代之。良以分黄一河，上裨陵、运，公家之利也。即普天率土，谊当共之。况大江以北诸郡，原有同舟之义者。顾此，河粮胡不可众而举焉。

余按清河民田，其废殁亦已多矣。先是，邑令刘君所勘废田凡一千二百五十余顷，当事者置不议，谓不系以河废也。而所勘支河计二千三百六十四顷有奇，当议减遗粮二千九百余金，乃有倡为河成病民之说者，力主减一千五百余金，遂为成案。府四代若干，州三代若干，约代废田之半，抵清河惟正之供焉。当事者亦聊以谢清民而称众口矣。诗云："其何能淑，载胥及溺。"又云："民亦劳止，汔可小康。"清民亦若是已。惜乎，民困之未尽纾也，至今粮额犹存五千八百三十金，民何堪焉。后有仁人在位，能由既减者以及未尽减者，由未尽减者以及未议减者，清河之民瘳其有瘳^①矣。

是役也，宣上德，达下情，则抚台陈公、按台颜公也；任劳任怨，不令府州推诿，则兵宪李公、郡守杜公、节推亓（qí）公也；履亩踏勘，不避跋涉之劳者，则郡副王公、董公，县正刘公、徐公也；若乃破家析产，叩阍请命，且栉风沐雨如拯溺救焚然者，则义士薛瓒之力不可泯也；例得备书于石。

时万历四十年三月初八日，知县徐一皋立。

清河县恢复学田碑记

邑人仲汝孝

清河之创有学田，盖六十余年于兹矣。当嘉靖季年，人文蔚起，丁文恪公士美以己未大魁天下，邑令郭公慨然以兴起斯文为任。是岁，以草场一区为学田云。厥后隆庆、万历间，屡复水淹，学田为壑者近三十年。未几，河伯效灵，地道献瑞，而土见如昔。居民盗其利者，持伪券以为己业，占而居之者数年。

先是，屡议请复，而二三豪猾为梗。吏胥因缘为奸，当事者数为寝阁。会邑令杨公长春来牧斯邑，嘉惠学校惟殷，恻然曰："学田虽湮，县乘可据，是诚在我。况今学宫圮坏极矣，岁欠，人无二釜^②，纵上请，无济也。莫若恢复旧物。"遂于丁巳春，亲履其地，按志而经画之，疆界遂定。历年筑室之谋，公第以一朝决之。因上其事于院、道，悉报可。

夫学田之设也，用以济寒士。今学田之复也，兼以修学宫。是地也，在三里沟，广三里，长四里，计地六十四顷八十亩。地且荒野，

---

① 瘳（chōu）：病愈。

② 釜（fǔ）：同"釜"，古代一种锅。

历难耕种，岁可获草租若干金。然草视水之大小为有无，租亦视草之盛衰为增耗。虽物不加多，而利赖实远。黉宫[①]之漏卮于是乎塞，贫生之婚丧于是乎举，薪米于是乎充，学校之礼仪于是乎佐，盖一举而庶事皆资者也。

昔滕甫知郓州事，生儒食不下给。有争公田不决者，甫曰："生儒无食，而以良田饱顽民，可乎！"竟请以为学田。我思古人，实获我心，杨令公之谓也。恢复之功，足成郭公开创之志矣！无何，公以任满行。而曩请于台使诸公者，议复下。安公承训初莅任，复以独断成之，而学田遂垂不朽。今特纪其事，以诏来兹。

时天启元年辛酉孟春吉旦。

清口灵运记

苏茂相

国家岁转东南数百万之粟以实天府，皆出淮安清口以达于北。清口者，黄与淮交会之处也。黄浊淮清，必淮定抵黄流始无壅。

天启丙寅春，茂相奉玺书来董漕务。五六月间，南旱北霪，淮势弱，黄河挟雨骤涨，倒灌清江浦、高邮之墟。久之，泥沙淤淀，清口几为平陆，仅中间一泓如线，数百人日挽不能出十艘，茂相大恐。或曰金龙四大王最灵，因遣材官周宗礼祷之。见夜水增一尺。翼日雨，复增二尺。雨过旋淤。

茂相曰："非躬祷不可！"闰六月二十有五日，率文武将吏诣清口，祷于金龙四大王及张将军神祠。四大王，黄神也，祈逊淮勿侵；张将军，淮神也，祈捍黄勿缩。

是时，旱日炽，即一泓如线者亦几绝流。群议开天妃坝，开乌沙河。张郡丞元弼来言曰："神凭人言，无事仓皇，还由旧道。"众未之信。越五日，七月朔，晨气清朗；已而凉风飕飕，阴云瀚郁；不移时，大雨如注，达夕不歇。初二日，雨如之，河流澎湃。停泊千余艘，欢呼而济。淮遂强能刷黄。迄秋，粮艘尽渡无淹者。众始诧河神有灵，

---

① 黉（hóng）：古代称学校。

175

"还由旧道"语非诬。（儹）[攒]漕徐孟麟侍御驻京口，正淤是虞，当午凭几，河神见梦，详具侍御《清淮纪梦录》。

呜呼！我皇上以圣明践祚，水府百灵莫不受职。龙飞之岁，黄河清数百里；而漳水之滨，传国玺韫泥淖中数千年者且耀采呈祥；矧河伯之浮漕艘，济国储，乃其岁岁而司存者，受命如响，又何疑乎！方茂相祷时言："济运如期，则当为新庙貌，请加褒号。"至是运竣，疏闻，乃命张郡丞采堪舆家言，改其庙向而新之云。

时天启六年丙寅重九日。

迁建儒学纪略

邑人仲朝典

清河县儒学于洪武二年创建，兹地历代相延，未之有改。迨天启元年河决，学宫沦没于水，倾覆过半，其仅存者亦湮沙垫中。是时，几无学宫矣。议者谓故址逼近河浒，皆欲迁建，以远河患。阅癸亥冬，高公崇毅适来秉铎，士庆得师，即主迁建之议。又得李公遇贤相与协谋，遂搜括学田得草租若干金，次请各院台得赎锾①若干缗，②又倡诸生各捐费助工有差，遂鸠③材庀④工，建先师殿于故址西北数十武，次建棂星门三座，又次建戟门三楹，重门洞开，规模略具。正拟似续修举，而公候以内艰去。西粤杨公纯继之，建东西两庑。又二年，江公道振任，与李公谋曰："有殿庑而无堂皇，其于拥皋比称摹范者，谓何？又安所讲学而明伦焉？"乃捐俸为诸生倡，且令各输所领变价官田之资以佐之。经费稍充，即鼎建明伦堂三间。同时辟云路，建门三楹。又培文峰于河阳，取临水面山之义。猗欤盛哉！⑤

夫讲学，广文职也；建学，守令事也。四公横经设帐之暇，殚心学宫，先后一揆，又简诸生之练达者二人董其役，曰仲生汝弼，曰周

---

① 锾（huán）：古代重量单位，亦是货币单位，标准不一。
② 缗（mín）：古代穿铜线用的绳子。
③ 鸠：聚集。
④ 庀（pǐ）：具备。
⑤ 此处模糊多字，依据《乾隆清河县志·点校本》辨别补齐。

生文炜。戴星视事，不避寒暄，需以岁月，次第考成。

余深羡四公以广文之职而兼有司之能，非具有圣贤之才略者不及此。是何可以无纪！今聊次其事于壁，俟落成之日，秉核笔者为记，以勒贞珉，垂之永久云。

时崇祯二年己巳季秋月朔日。

金龙四大王碑记

舟行黄河者，金龙神应如响应声。乙丑之夏，系榜乘风，忽然不动，舟师惊怖。余时磨墨，写一二禅偈，念龙神岂亦好书乎？投之一纸，即得利涉。

宋人有过湖几覆者，投诸重宝，风涛如故，最后以黄山谷书投之，乃止。余为此心动。

第金龙事，实未之详也。俗人相传，谓吾乡泖湖厥惟灵产，兹于《蒋文学记》。综其本末，因属吴素友书之，而传以洪载之自叙之言有如此。

明崇祯癸酉华亭董其昌跋。

运口大王庙碑记

维顺治十一年，皇帝覃（tán）恩，大诏海内，特遣重臣祭告河伯，礼成而神享之。淮黄翕若，不涸不腾，转输靡艰。

总漕部院蔡士英欲播扬天子之德意，用昭河神之康祀，乃命有司曰："黄河北涉，洪水狂奔，东南之转输日迟，西北之蚕桑未乂。我皇上怀柔百神，虔修望祭。"于十一年七月朔，敕撰祭文，特遣太常寺少卿高景躬临河口，代陈殷荐，至诚昭格。

阳侯效灵，川原底绩，民物奠安，洵兴朝之盛典矣。非镌碑以纪其事，何以彰皇上敬神爱民之德意也。爰勒诸珉，允志不朽。亦犹夫云亭封禅之典云尔。

清河县开水口养驿马碑记

邑人陆腾骏

淮于中原为边幅，多广泽大川，舟楫所通，轮蹄会之，遂称孔道。清之于淮也，小而剧。在昔盛时，编四十图，口近五万，不足以支上下百二十里之邮置，披剥以逮今日，而伤如何矣。

去年，唐公佐臣莅清，值浸大祲决川，淫雨灌田庐，而仅存者十才二三；（郎）〔浪〕石之口不渡，尾闾不泄，境内成湖，麦茉不秋，牛马无牧；中人之家衣萑（huán）蒲而食螺鳜，无以乐生。当是时，江上方苦用兵，烽堠及马逻以上清河一渠眉之堤，奔走繁急，宵日子午，日以百计。未几，马且尽，马户且逋而驿废矣。

夫清之岁额口钱才过四千，而驿马一差浮费满万；敛贫民一岁之田，破差户百家之产，而仅以供清口一日二日之驿递；清河尚可为哉？或进公筹者曰："今令驿政官马官牧，岁取度支钱若干，无浮科者。昔兵垣李公令清河时，行之三年，官不劳而马大蕃息，民称便。"公闻之，亟请于大中丞蔡公及郡刺史，得官马数十匹，更价诸民间私圈，足以应驿。而止设厂于仪门内之东侧，为八棚，列左右道，中祠马祖先牧食焉。有总管人，有小甲，有随差，有巫马、饩（xì）廪、刍豆之费，一准诸库额钱，于民无扰办。嗟乎！公之造清岂小哉！

昔者清民养马，客使者诛求百出，鞭箠之威，（雪）〔虐〕人如马。乡村小民畏公差如狼虎。故不惜变车牛，撤田屋，以雇马户。马户得钱花费而刍豆不足以供马，马不足以供差。则计出于逃，逃而加贴马钱，更养马户，仍民病也。今而后，吾知免矣。公曰："未免。清民之病，苦无他职业，唯给于田，而田以卤洿不治，岁包于水。浪石之防，如瘕（jiǎ）块在吾腹中，必思所去。思所去而不得类前却于鼠子之两端，而涟人不足以要我。"于是，命车诣故渡口，刻日偡（zhàn）功。取土著人遵依状，水行，辄报上曰："卑县已带罪开放矣。"他日，大中丞庭见公，谓曰："涟人以浪石之故，出其故详文案若干卷，为尔邑难端。予告之曰：'清人困于水，濒死。彼令以不属情面，愤为此举。苟无甚利害于涟者，若姑置之。'"嗟呼！大中丞知公心矣。公以实心，拯清人之溺，置一时之利害不较，而浪石之防即开。浪石开则水落栖苴，民便蒲鱼，旦夕之利也；沮洳生菌，荐草溃茂，田禽走之，民之贯利在是，终岁之利也；人厌虾蟹，地熟五谷，渴泽之土，其化膏壤，高者宜麦，卑者宜稌，[①]十世之利也。清民之病，今而后吾知免矣。嗟乎！公之造清岂小哉！

淮海之间故患潮，溢坏民田。范文正监西溪盐仓时，筑长堤捍之，水患以去。至今名范公堤，不忘也。夫彼以防为利，筑之；此以防为害，疏之；其有功于民，一而已矣。清人士德公之赐，谓清口数十百年之利害，自公兴剔之。用镵（chán）诸石，为不朽云。

时顺治十七年庚子春二月也。

清河县分立甲长办差碑记

邑人胡应华

淮之清河，昔日议废之小县也。治当极冲，民疲奔命，土滨黄淮，日见冲蚀，故桑田为沧者什之七，户口耗去者什之九。其有不去，以见户包逃亡，以一甲包一里，以一人包一甲，公私上下责成，里长转向负累，因而俱逃。故原编四十里，递减至十二里，犹里不全甲，甲不多丁。

究其废之所由，则里长之故也。强有力者先去，贫弱者后逃，田地抛荒，白茅无屋。黄淮之滨，化为鼍（tuó）宅蛟宫；人烟屋庐，但于湖市蜃气中仿佛见之。而欲以地丁、粮鞭应付差徭。问之水滨者，求之里长，胥徒托为责成，实则利其无证。挤之去耳，去而欲敲无髓，欲剜无肉。征比无人，官民赔累，故历年清民有相率而告废之议也。

顷，周公世涟来令清河，知积疲之由，日与邑中耆夙议革里长为甲长之法；而又推原所以负累里长，在于逃鞭水粮之田。痛哭陈情于上台，以为"清河仅百余家，无城无市，茕茕孑（jié）遗，露处河干。驿站之冲繁，纤夫之杂遝，略无宁晷（guǐ）；而洪舍等类水国波臣，更不可问耕桑之地。若以逃粮、逃鞭取足于见在之里长，本甲尚苦追呼，岂堪外责赔累已。"蒙具题，虽蠲豁之恩尚须补牍，而里长之革不

---

① 稌（tú）：稻子。

容稍迟。今查五河、盱眙各县革去里长，止用排年卑职仿行。名为甲长，分办差粮，轮用一甲长在县应官，月周而复始，民以为便。乞批下县勒石，永远遵守。当奉凤抚部院张宪牌，仰府转饬该县奉行，即具遵依报查，已经遵行在案，所谓便而通之，准乎民情者是也。

若不载诸贞珉，无以垂后。且水粮、逃鞭二项之大累，民情已急，势必有疏通之事。而其发端，亦在于此。先叙其颠末而记之。

时康熙七年戊申冬十一月谷旦立石。

甘罗城碑

秦，虎狼之国也。甘罗年少，出一奇计以强秦，秦即封为上卿，复以祖甘茂田宅赐之。名重当时，声施后世。战国策士，指岂再屈哉！而罗亦幸甚矣。予因署在故城，故碑志之，以传不朽云。

万历十八年鲁人姜桂芳立。

铜台院记

浪溪张麟儒

渡淮清口东五十里有娘子庄者，余公车北上，道经其里，访友人夏天彤氏。天彤，余乡人，授字于铜台院侧，因得而信宿之。

院内碑磨灭，不可句属，依稀识之。建自金皇统元年，元至正十一年修，明嘉靖四年又修，历四百年于兹矣。乡之遗老为余言曰："斯院为吾邑古迹。相传金世祖时有二仙游其处，久之，乘鹤飞去。今距北有白鹤墩，即其遗迹云。院久颓废，余捐金鸠工，易其栋楹之桡者，丹其颜色之漫漶者，破瓦圾补之，缺则整之，计日以毕乃事。盖将令后人尝识所为铜台院也。"余异其事，嘉其绩，述其言，记之。

时崇祯丙子冬十一月之二十二日也。遗老姓何氏，名其安，时年七十有二，盖清之隐君子云。

旧志序

明·胡应嘉 郡人①

河淮交会之滨，清河实奠，厥邑地瘠卤而民鲜薄，每潦水至，一望巨浸。赋役之隶于制者，不稍损贷而编氓流离。议者欲徙置其民而空其地，盖淮郡极敝之邑也。壬戌夏，浮梁吴公来尹是邑，恻恻然犹慈父母之不忍视病子，其所以还定而戢宁之者，不遗余力。初求邑志，将欲稽凭而厘正焉。顾芜陋之区，莫从得之。②叹曰："邑而无志，非惟不见古今，即赋役者何所准乎？遽欲图之，盖势有所弗逮也。

数月而民渐安之，期年而民益归。乃因政事之暇，稍肆编摩。据安献之仅存，采风土之共习，日删月削，三年政成而志适告竣。始建置，讫词翰，灿然一邑之宗书，既乃索予一言序之。予曰："郡邑之有志，犹国之有史也。作史者有三难，则修志亦岂易易？矧③以敝邑而创于二百年久缺之后哉？若公者，可谓能成其所难矣。"今取其志阅之，境内川原，今昔之概，一览洞然，已为之快；至于赋役之法，井井有条。乃作而叹曰："公之志也，意在兹乎，意在兹乎！"

夫邑以凋敝之故，政多简略，赋役之际，率以意成，上无定则，下靡适从。二三里胥与豪滑者，暗持钱谷征徭之成数，以上下其手。是故，法令无统则赋役无经，赋役无经则困累无所控诉。公今详核而曲处之，赋者以时，役者不病，剂量调停，咸适其宜。然则民之易从者，易公之法也。至于疆域、学社、仓廒、风土、人物，皆与兹邑相终始。恐其久而无纪，故因志以附之，俾后我而来者有所采焉。清民其永瘳乎。

噫！邑之难，难于赋役；而治之难，弗止于赋役。后之治清者，能（放）[仿]公之德意以行，则是志也，功固不止于传述而已。予故

---

① 此处"旧志序"即《嘉靖清河县志》之序。胡应嘉（？—1570），字克柔，又字祈礼，号杞泉，胡效忠之子，南直隶淮安府沭阳县人，世居淮安府城。明嘉靖三十五年（1556）丙辰科进士及第，初任江西宜春县知县，不久任吏科给事中，后三迁都给事中，迁湖广布政司左参议，晋中议大夫。

② "顾芜陋之区，莫从得之。"在《乾隆清河县志》中为"顾芜陋之区，诸凡草创，莫从得之"。

③ 矧（shěn）：况且。

表而出之，以彰公之意，且以为诸治邑者告焉。[①]

旧志序[②]

清河邑宰邹兴相

今之邑犹古之国，则邑之有志，犹国之有史，固矣。顾史有专官，有分职。职者考其疆，采其风，政属之珥笔；而朝夕从事，故文易核而加详。邑之有志，无专责考成。尝数十年、百余年一修，听诸裨野之荒唐与梓文之澌漫而多不可校。是故，莒（jǔ）蔡无风，曹桧无政，考古者至于（阁）[搁]笔叹惜，往往有之。

予自壬子季夏受事清河，逾月即有修志之檄；因取邑之《旧志》阅之，越百余年矣。考其川原而陵谷易，履其疆域而虞芮争，稽其户籍土田而耗蚀悬绝，察其风政人文而荒落已甚。嗟乎！是恶足以为志哉？夫报政者，有司之职；载笔者，士大夫之责也。间门之事，所见异词；百里之事，所闻异词；十年之事，所传闻异词。是故，邑之志，非国人不核，非掌故不详；苟非其人，其言不信；况乎缀一统之王会而副考文之国典者哉！

予故访诸荐绅博士而得其人，采诸远乡僻聚而广其听，聘而馆之以重其事，校诸先达长老以公其是非。自春徂秋，迄有成帙。凡四卷，为凡例者八，为图者三，为义类者三十二。于其事之原委有序，名实错出有按，利害凭者有论，纲不悉举者有分注，事之疑案者有考辨，秩官有年表，人物有列传。其于列传，尤惴惴（shéng）然慎之曰："是江文通之所难也。"嗟乎！岂独此哉！南淮北沭，清之疆也；汉杰元龙，清之产也；里图四十，口四万六千，清之版也；绥来七坊，清之廛（chán）市也；而不可复志矣。风俗之书，讵能月一易？赋役之籍，讵能岁一编？川原市井之变，更讵能区一图而悉数之哉？甚矣，夫清邑之难志也。

兹则考古述今，综名核实，以为记事之书云尔。而间出于魏风鄘

---

① 底本此处有 20 字模糊，依据《乾隆清河县志·点校本》辨别补齐。
② 此处"旧志序"即《康熙壬子清河县志》之序。

细之辞与小雅忠厚之旨者，抑以体圣天子临轩顾问而效贡俗陈诗之一端耳。若云志以谱治，治成而志以志之，窃惶然谢不敏矣。

总督傅公遗爱碑记

侍读学士李铦

国家选建大臣抚军，而上更立总督，钤（qián）制二省，弹压百寮。凡文武之权、军民之事，悉皆委之，任至重也。数十年来，后先辉映，翼赞皇猷者，固不乏人；然正己率属，实心实政，仰体我皇上委任至意，奠生民于隆平之世者，若傅公尤为彰明杰出者也。

公以重望，历跻卿班，久为皇上所宠眷。一日两江员缺，总理需人，特简我公。公荷付托之隆，矢自命之素，夙夜冰兢，殚心竭力，不遑宁处者，盖数年于兹矣。

其甫下车时，端凝镇静，不事矜张。大小僚属，望风凛凛，率改弦易辙，奉职惟谨。其不怒而威有如是。迨燃犀所至，凡两江数千里之遥，如在指顾。其间官吏之廉墨、风俗之醇漓、军民之利弊、绅士之谨肆，虽至纤，悉靡弗周知。他如讞（讞）^①决之矜全、灾眚之题豁、刁风之禁戢、租税之蠲除，与夫盗窃之捕缉、逃旗之盘查，善政班班，不可枚举。两江赤子受福庇者，不啻游于春台，登之衽席，遂生复性，各得其所；而谓可一日少公，公可一日去斯民哉！

岁癸酉，驰驿陛见，我皇上嘉乃丕绩，温慰特优，锡以衣裘，聿昭异数，以两江重地赖公锁钥，非此不足以显公德业也。公归任益笃，棐^②忱以图报。称无何，积劳有素，不觉以数百年不敝之身，一旦殒于官廨矣。

呜呼！公遭际非常，民方系望，溘焉长逝，实切痛心。以故讣下之日，居者哭于巷，行者哭于途，士农工贾如失怙（hù）恃，非有深仁，乌能感动若斯之甚耶！虽然，斯固两江之民食公之德，戴公之恩，人人共具之情也。

---

① 底本有两个"讞"字，应为多刻一字。

② 棐（fěi）：辅助。

至于淮清赤子，其受赐于公，虽至千百年而流惠无穷者，莫如请除粮累一事。盖清邑治滨黄流，民贫地瘠，所资以养生者，不过此沙卤之田而已。自大工兴而田之筑于堤者凡几，田之浚于河者凡几，田之植于柳者又凡几。夫有田乃有粮，田去而粮未豁，民何以堪。

三十年冬，靳大中丞具题，公奉命会同钦差部堂查勘蒿目地方情形，陈词入告，一切堤柳挖废田粮，始邀除豁。斯民有田而被挖废，固已困矣；民无田而粮仍累之，其困又当何如？公之勘豁，是不独为清民一时计，直为清民子孙世世计矣。

公之膏泽，宁有涯涘（sì）也耶！是则两江之民沐公之泽固深，而清之民沐公之泽为尤深。两江之民感公之恩固切，而清之民感公之恩为尤切也。清之人士爰向余请曰："傅公之德至矣。愿乞一言，勒之贞珉，以志不朽，其勿吝。"余不禁欣然提笔，以扬揢其梗概云。

是为记。

重修清河县儒学碑记

清河邑令管钜

清河之域，邻东海，汇三川，其土洿卤而善毁。以故，邑之建置，无百年不坏者，而人风呰窳（zǐ wā），事多固陋。官斯土者，或功令期会之不逮，而传舍相沿，挈瓶[1]为智。公家之修废，遂令人人待之，而让能之无已矣。予自丁卯莅清，见境内之地灵不振，井里荒颓，毅然有兴举之志。曰："国典之重，官司之守，先其大者，其学校乎！是民生根本之地而天子之申命从事者也。顾前此之水火灾变，赖博士吴公次第整理，至圣殿倾颓，非补苴旦夕之功。而予方以岁漕奉公，苦无完廪，独力而先其事。"

迨秋谷既熟，乃会博士弟子员而庭议之曰："建置者，有司之职也，在学校则愿共之。诸士形其力，司铎董其事，予要其成，无难也。"乃约计其土木之费，先出俸钱五十贯以购物材，集工匠刻日而修葺之。撤其倾壁而址且陷也，曰："更筑之"；落其颓檐而楹且蠹也，

---

[1] 挈瓶：汲水用的小瓶，比喻才智浅小。

曰:"更植之。"栋隆而飞檐不固也,更举之;廉隅而发角不称也,更修之。堂阶不崇,无舞位矣;戟门不饬,无准仪矣;辇陛不除,无神道矣。曰:"是皆庙廷之规制而历代之示尊崇者,敢不饬乎!饬之而备制焉,当勿虑物力之不继也。"

是时也,予以摄篆涟东,鞅掌钱谷。鸠工之事,一先所司而戒之。董者得人,役者鼓力。再越月,而倾者立,颓者植,栋宇岐起,檐阿鸟革,翼翼然列楹之觉也,恢恢然门扃之轩(厂)[敞]也,巍巍然龙脊鱼尾之法象也,森森然二十四戟之王仪也。庙貌成而规制备,庶几妥先师之神而罔恫乎!

或有告者,物力不继,工将罢矣。予曰:"胡然而为德不竟乎?予固计之审矣。棂星门,学宫之表也;泮桥,学宫之礼制也。宫墙逼而改辟,华表敝而更新,踵事而图之,予将观大成焉。"于是,戟门之南,浚旧池而深之,为桥三座。瓮水门,立坊表,道以达内外。左右之墙,式廓如一。至棂星则立楔嵌壁,示大观之在上焉。楔欲其崇,以为表也;壁欲其厚,以为固也。翼墙以南,比木为栏而属之映壁,以为卫也。

至是而可以观大成矣!以崇先师,报国命,祀春秋,行典礼,讲学育才而兴文教,胥于是为权舆矣。自冬历春,四阅月而落成,乡士夫举爵属予,以归予功。予曰:"前事之饬,予不敢攘美于广文先生;今之成功,傅众力而就之若周礼然,一人岂敢尸焉!"

虽然,国典之重,官司之守,苟有沿革,不敢不志也。重之也,爰述其经始与法当书者,记而勒之石云。

重修清河县学记

侍读学士李铠

考清自南宋建邑,即建庙学于邑治之东。明天启初,西迁二十余步,位阳地良,盖今址也,两代完毁不一。

我朝顺治之间,寇焰未清,戟门泮水,斥为马肆。殆少陵所谓金甲排荡,青衿憔悴。时乎芹藻无色,弦诵绝声。曾几何年,毋惑乎士气不扬而贤书罔膺也。自邑父母管侯下车，先行大昕鼓箧礼，[①] 睹茂草萋然，舍菜失所，喟然进师儒而谋之曰："学校，风教之基，奈何不急戒若事，以滋陨越。"咨学谕吴君代董其事。于是，鸠匠备材，程工量物。凡木石、陶瓦、编度、砻斫、丹绘、金茨之具，靡不厘；殿堂、门庑、阶级、垣埲、绮疏、罘（fú）罳（sī）之属，靡不饬。已而，栋宇翼如，衢道廓然。月吉，群俊造于庭，羽簏彬彬，诗书秩秩，雅足观也。

因思学也者，立身之本也，不可以岁祲弛，不可以疲小遗。清虽蕞尔区，而英尤之诞。初不择地，今幸当解愠之余，值右文之代，尚其争目濯磨，好古深思，以求日新而月异。大则羽翼当世为冯翼，为孝德听用者之所使；次亦洁修自励，立志勿欺，为典型于乡国；庶不负崇奖振兴之意乎！若徒怀铅抱椠（qiàn）、数墨寻章以取世，资此小儒之业，恐侯为多士勖（xù），不仅此耳。

工既成，计新先师庙五间，凡三楹；重棂星以丹漆，较昔高若干尺；作泮池于桥门之内；皆自圮而重构者。明伦堂、启圣宫，一仍其旧，一新是图。总计物料、工价若干缗，管侯倡率之功居多，是得为政之大者哉。大政既先，细事应毕举矣。宜勒诸石，以示来许。

重建漕仓碑记

清河邑令 **管钜**

邑之有仓，定制也。粟米之征，岁秋有入，粮艘至则转而输之以供天储。盖积贮之大命存焉，非细故也。

核清邑志，漕仓之设始于故明洪武三年，邑侯孔公克勋所建，距治西半里许。旧有东廒十间，西廒十间，官厅三间，门屋、碑厅各一间，规模宏敞，缘治濒大河，道冲而疲。官民俱贫，修葺无项，且历有年所而漕仓遂颓废矣。历考前令所征米色，惟借贮各观宇中，艘至则开兑，而非计长久也。

---

① 鼓箧，谓击鼓开箧，古时入学的一种仪式。《礼记·学记》："入学鼓箧，孙其业也。"郑玄注："鼓箧，击鼓警众，乃发箧出所治经业也。"

余二十六年秋莅任兹土，阅仓，见颓垣败壁，心焉伤之。思漕储何事，邑宰何人，而忍令倾废至此。随为捐俸，葺成东廒三间，西廒三间，使岁漕得专贮焉。盖亦宰兹土者分内事也，不容已也。

方拟廓大其制，适我皇上宵旰维勤，留心民瘼，敕令天下州县有俊秀入粟之举，以备天行周贫，困赐乏绝，非甚盛典乎！顾清邑虽贫，亦有骎骎向上之子；使所入之粟无地积储，必有职其咎者。余不禁慨然叹兴曰："是余之责也。"夫乃立意捐俸重建。而相度区画，经费殊繁。因治东百步所，旧有察院一所，日久倾废，仅存敝屋六间；轺轩之使，无可驻足，盖名焉已耳。夫既不足以安行役，又不能增修，势不至为瓦砾不止；于是移取仓用，以佐鸠工之所不逮。遂将前之东廒二间、西廒二间复毁，而改为东廒五间、西廒五间，且更为正廒五间，门屋一间，仿旧制而有其半焉。在间架虽不及当年之多，而位置井井，若或过之矣。

或者谓漕仓为邑之传舍，积粮为民之司命，因循二三百年之事，而邑宰忽振举之，咸多余之功。[①] 不知以官廨而修官仓，虽不无补救，要不过以公济公之意云尔。第官贫禄薄，极力经营，只能小就。若循旧制而扩充之，则安在后之人不如余之今日者夫！

是役也，非县令之好事也。上为朝廷谋积贮，下为闾阎备饥馑。假令此仓之设悠久守之而不坏，入粟之举时或行之而不敝，不独天漕之盖藏有赖，即民亦无水旱、昆虫之忧与凶饥、夭孽之虑，是一仓而国计民生交得也。则一日之举，实关百年之大为。县令者，岂其得已而不已哉！

余不敏，不能文饰其说以要誉，惟质言其举兴颠末与余建立之由，以冀后之有同志焉。

重修仓储记
邑人丁象临

康熙庚午春，邑侯管公仓大修，邑人望而喜之。乡之人奔走骇嘱，

---

① 底本中此前一页重影模糊，依据《乾隆清河县志·点校本》辨别清楚。

莫之所出。谓高曾以来，未有如今日之事者也。考仓旧制，前明洪武三年，邑宰孔克勋建东廒十间，西廒十间，官厅三间，碑厅一间，门厅一间，在治之西南隅。至隆庆时废减其半矣，止存东廒三间，西廒三间，官厅一间，门屋一间，碑厅无。世世相延，风雨不蔽；虽岁有所修，仅为饰观故事；此倾废之所由来也。至康熙二十五年颓甚，只余零星瓦砾而已。其年粮，借贮于大王庙、城隍庙，甚而明伦堂里收守之。晨夕弗敢舍酒食谑（xuè）浪，未免神明亵越也。

公慨然问修计，皆曰"例在民"。公曰："残黎乌可劳哉！"遂捐历任之俸以构之。计粟若而石，计钱若而缗，计木若而材，计砖甓（bì）若而万，无或取也。工师、司凿、陶人、司埴、垩人、司涂、隶人、司畚，无或调也。躬为观之、绳之、省之、试之，克日而底厥绩。美备悉如旧制，而东西廒各增之，南官厅亦廒之。

是役也，不派里甲一环，比户一徭。视诸灵台经营，庶民来攻，其越古又当何如矣。由此，时和年丰，红腐贯朽，民无箕斗之嗟，侯有征抚之乐，《南风》①解愠，其亦奠清民于千百世者乎！

是为记。

均丁记
邑人陈伯坚

岁辛未，②天子下明诏，命地官咨行督抚藩郡州邑，稽十五省之生齿重民数也，以五年一举行为例。凡载在版图者，户口若干，丁赋若干。增者居上赏，号为良牧。次亦不失旧编，庶无即于罪戾。其在大江以南，丁从地出，田粮合而为一。而大江以北，地为粮而丁为鞭，分户口田粮而二之。即以清邑在我朝顺治年间，户口人丁一万二千九百四十九丁，原鞭丁徭银六千九百九十六两八钱零。比因水冲地废，人少差繁，逃去人丁三千一百四十七丁，失额鞭银三千七百三十八两；摊代原额田粮之内，每粮银一两，代纳鞭银四钱。

---

① 《南风》：古代乐曲，相传为虞舜所作。
② "岁辛未"三字，在《咸丰清河县志》中为"康熙三十年"。

由是地、丁交困，逋亡益多。由九千八百二十丁至于五千四丁，又至于一千九百余丁。总累现户包佃每正鞭一两，加补额银一两三钱，至有一丁而输额鞭数两不等。夫役在外，虽屡值编审之期，止令里长甲头填写册籍。故者仍生，逃者仍在；老者虽至七八十岁不除，幼者或始三四五岁亦列；富者反轻，贫者益重。偏枯偏累，弊窦丛生。邑侯管公于檄到之日，聚一邑之绅衿耆庶于忠佑庙，矢天矢日，与民更始。而又别为条例，使人易晓，有挠吾法者，立治之罪。举里甲乡镇之素有德望者，设为里评、甲评、约评、寓评，秉公编审，逐户细勘。故者、逃者、老而六十以上以及幼不成丁者，一概汰去；贫者苏之，富者益之，新入版籍者许之，仍愿流寓者别之，欺隐者治之，豪滑者锄之，本里不足他里代之，本甲不足他甲摊之。凡绅衿富豪子弟自十六岁以上者，各奉法无不编人。计现在若干丁，输鞭若干两，尚缺额若干，以寓户补足之。自审以后，既绝隐漏之端，又无偏累之弊。额虽由旧，法实更新，非若前此之填写册籍，徒了编审故事已也。将见逃亡归来生齿日众，侯实招之，侯实抚之。起视淮之十一州邑，有能如侯编审之公平画一否。[①]

均粮记

邑人周遂生

夫览天下之大计，而财赋之用，半给予于东南。故大江南北郡县，田不一制，赋不一规，约至今日无不重且困也。清河小邑无城郭，止滨河数百家，原田二折一，数五千九百二十六顷零。万历三十八年，因河成地废，题减废田一千五百六十六顷零，犹存四千六百五十一顷零。未几，洪泽舍头为湖淮弥漫，尹家口至王家营，止封颓堤一线矣。鼎革之后顺治年间，岁岁冲决，田亦飞沙。高者谷，谷者陵，阡陌失所，即世守者亦不可考。独官亭一荡，竟成数百顷腴田。大猾豪衿，固为金穴，蚕食鲸吞，或以一顷而占数顷者，或以一顷而占数十顷者，

---

① 底本中，此文完整无缺。而《乾隆清河县志·点校本》因底本缺页未能辨出，致使此文文题与后文《均粮记》中"阡陌失所"之后的文字混二为一了。特于此处加以说明。

不十年，富甲于县。

嗟乎！富者赋少而田多，贫者田无而赋有，何不均至此！更足异者，所占之田既无粮可征，而本身之粮又入"永沉"案内，甚至灾浮于粮而又卖入别氏，折银自肥。以西北之膏腴，假称东南之波溺；户胥里役，交弊障天；以致穷民代输者比比，其人有不可胜指，其害有不可胜言者。

独我管侯闻之，既明且断，细稽地亩，共计地若干顷，共计粮若干数。履亩清丈，照地均粮。期隐者罚如律，而袀猾鳃鳃然有惧色矣。旋有某报余田数顷者，某某报余田数十顷者，一一在案，侯亦不深究。止粮与田符，多者减之，少者加之，每顷地纳粮饷代鞭升科银若干。共地若干顷，粮饷代鞭升科若干两，漕米若干石。通县画一无差，富无无粮之田，贫无无田之粮。侯之福清人，抑何至哉！除其积弊，许其更新，田鼠池蛙俱入覆载包荒之内，其精明而寓浑厚者乎。知我侯之义，当益知我侯之仁矣。因寄毡千里，闻侯之贤，不辞鄙陋而为之记。

重迁王家营镇记

邑人杨穆

与袁浦对峙所谓王家营者，盖清东壤之冲道也。其镇滨河而处，凡二千余家，五十年间已三迁矣。独康熙之二十七年秋大水，日崩崖数十丈，市井房舍尽入蛟宫，妇子茕茕向波而泣。其民中宵露处者有之，鸟飞兽散者亦有之。葱郁之区，几成旷野。

事闻，邑父母管公闻之惧。单骑就道，周视原址，祗余茅屋数椽而已。遂聚老少而谋，似非东迁不可。问其地，乃山阳朱生业也。使里正往白之，曰："否。"又使县尉曲谕之，亦曰："否，否。"事急，力请督抚两院并淮扬道胡公。公曰：安插百姓，招抚流遗，此有司责也，毋负。加惠元元至意，急迁如意。议复，捐俸以助价。价不足，督宪又命加三十金，盖安众无损一也。侯不自计，竭捐如数。民因得以复聚，或诛茅为屋，或筑堵冯（píng）登，或陶瓦成宇。不二月，巍然一巨镇矣。

呜呼！仁人之于人，其利溥（pǔ）哉。古之有司，凡一言一行，果有益于民生，即歌之，讶之，光流史册。况其援已溺之命，苏将死之遗，而复我镇治者乎。民为之歌曰："谁夺我居，侯为之区。谁覆我宇，侯为之处。水润草枯，如沐时雨。子子孙孙，永安乐土。"因感之深，不自知其祝之长也。

予，里人也，躬逢其事，故备述之，以志不朽。

临川书院记
古润洪芳喆

书院，所以广学宫之泽也。古者自司徒、乐正以及乡遂、大夫，无不教之官；出负末，入横经，无不学之人；自幼学，而弱，而壮，无不学之时。自二十五家之闾，及五百家之党，以致万二千五百家之州，无不有塾有庠有序。盖当其未入于学而所以教之，固已有素矣。及乡大夫论其乡之秀，升之侯国之学，列于泮宫，《鲁颂》所谓"思乐泮水，薄采其芹"是也。及司徒论选士之秀，升之京国之学，列于辟雍，有声之诗所称"镐京辟雍"是也。故其教之成，至成人有德、小子有造；即其不列于学，而兔置可为干城；即其贻之数世，而卷阿犹多吉士；是以作人之泽称之，至今不衰。

自汉之后，教之意寝（jìn）失，司教始有专官。自教有专官而教之所及固无几，且博士弟子员有定额，非在选额者不列于学，而学之所及又无几。然则天下虽有才俊秀异之士，苟不幸而不与博士弟子员之额；虽欲自奋于学而无由，又况能广学宫之泽，使草野之中观听所及，渐摩于礼义而不知哉。

皇上道治，合统君师，并作右文之典，度越古今。覃敷之思，被诸海内，成均建于畿甸，即古之辟雍也。郡邑之学，遍于天下，即古之泮宫也。然而人才之盛，犹未睹远出前代者。岂非比闾族党之近，所以教育之泽犹未广欤！

清邑管侯负经济才，莅清数年，弊厘政清，赋役既平，耕桑乐业，治绩已卓然见称于各宪，而侯犹逊其教之不古，若其义学之设在邑中者，有古州序之遗焉。至书院之设，远及渔沟，有古家塾党庠之意焉。盖人情于聚居亵习之地，其情必真；于其情之真者而教之得行，则无勉强诈伪之失。又其朝夕观听所及，则其人也以渐入之。以渐则相习于不自觉，而其教可不劳而成。故有郡邑之学，而小民始肃然知教之尊；尊则不能以遍及而大成，小成亦不能尽人而责以卒业。是惟有义学之设，而小民始雍然乐教之广；广则可以共与而礼义之性，孝弟之行，虽草野，未尝或异，侯之用意深远。而于治识大体，此非其实欤？

若清之民，率侯之教而励于行。清之士由渔沟义学以升于郡邑之学，他日将有殊尤异敏之材出膺大庭之用，以不负作人之雅意，是尤侯所致望也。

是学计为门堂庑共二十二间，其供膏火计田三顷，悉侯捐俸为之。[1]

是为记。

修尊经阁序

古润洪芳喆

学宫之有尊经阁，与明伦堂相为表里者也。所以维风范俗，举家国之大典而煌然昭示于一时者，莫重于明伦堂。所以说礼敦诗，聚一邑之秀士而课率养育于平时者，则在于尊经阁。是二者，实相表里，有其一不可废其一者也。

清庠之尊经阁，创自蓉城吴君，历有年所，颓然数楹，飘摇于风雨中。且在圣殿后，而基址弗崇，规制颇窄，高低方广，前后参差，位置未称。乘其垂敝式廓而整新之，势有不容姑待者。余忝掌教，以甲戌春受事，谒庙登堂，俱极壮丽，焕然可观，碑勒煌煌。知非邑父母之嘉惠，学校不及此已。而至殿后，则湫隘荒凉，瓦砾平阶，窗棂不蔽。所谓尊经阁者，几作铜驼荆棘矣。余目击愀（qiǎo）然曰："六经扫地，庶藉一椽得留尊崇之名于天壤间，顾令其倾圮若此乎？"

虽志在修理，然苜蓿一官，弗克负荷，计所费且浩繁，非一手一

---

[1] "悉侯捐俸为之"，在《乾隆清河县志》中为"悉赖邑贡生吴子碧海赞襄成之"。

足之烈也。会管公招饮于退省轩，把盏论心，言八年来拮据疲邑者万状，而于学宫之修建，大费经营。余曰："学宫赖公，诸废毕举，真不世之瞻仰。而犹亏一篑之功者，则尊经阁是也。"公曰："唯唯。窃有志未逮也。愿与诸师儒共勉力成之。"遂慨然捐俸为之倡。凡属宫墙中者，亦各量其力而劝输焉。聚沙之不足，复解囊以完厥功。

是举也，擘画几匝，岁先撤其旧，以示欲新。次购其地，以拓故址。继以木植之求，灰石之具，乃鸠工庀材。经始于乙亥之六月初吉，越数月而告竣。上栋下宇轮焉焕焉。朝于斯，夕于斯，聚子弟于斯，而春秋礼乐、冬夏诗书者，此其所矣。然非邑父母之始终嘉惠，学校不及此。

余是以为学宫庆有成，为清士歌有造，且喜公之克终其事，而私幸己之因人以成其事也。乃泚（cǐ）笔而为之序。

清屯赋

邑人周敷政

兴屯兮裕国，清屯兮恤民。以国为忧兮，计及于履亩。以民为本兮，慷慨乎直陈。吁嗟一言之利溥兮，犹幸仰赖乎仁人。且吾清之土田也，按籍不及中邑之半。乃奉行者，一一而取盈。非无新畲之可税，其如廉访之未真。于是田浮正额，无从检核胶柱和盘积。丈积尺弃，不毛而弗顾，割膏腴为上策。一田分封，一村分宅，谁复望乎更生，可想民命之岌岌。

今乃拯之于千丈之渊，举而安诸一榻之侧。虽天鉴兮不远，恩下兮九重，还之以固有，而豪猾乎潜踪。设非贤侯之请命兮，安保积苦之不上壅。迩时庐其庐，墓其墓，乐已去之，田园昔吞而今吐。况计地以均粮，无重轻之异数。征有成规，屯有定处。桑麻野绿，桃杏春红。隔篱无惊吠之犬，中泽鲜哀嗷之鸿。忘旱涝之为天灾，群鼓舞于解愠之《南风》。其所以得服先人之畴者，一世万世永食德于明公。

黄河之水来天上

邑人丁兆球

黄河之水来天上，万里逶迤恣荡漾。清邑适犯河之冲，东与淮汇两相抗。翻沙啮岸没田庐，民疲赋重蓄无余，况复催科杂供亿。

官斯土者拂袖而唏嘘，慨自流氛纵焚孽，父老长叹无家别。曾记李公轶群噢咻几多年，宁为水濡母，火烈芳踪远。继亦寥寥，残复残兮凋复凋。

天锡管侯莅兹邑，仁风厚泽薄云霄。一年废者振，二年狡者顺。三年风之和，四年雨之润。历今抚字恰五年，两袖清风不爱钱。为民上请苏大困，士服诗书农授田。

入其野，击鼓赛先社，士妇两媚依衣食。吹幽雅，采其芹，泮水馥缤纷。光含藜，阁火日射斗牛文。

潘花彩映王乔舃[1]，中牟雉驯莱公柏。照天之烛通天犀，仲父奇才原一脉。顿教疲邑乐闻琴，不尽长歌和短吟。我侯功德谁称似，仿佛黄河深又深。

清河即事

清河学博吴希古

上古土风淳，赋田分则壤。沧桑日以易，荒陂多匿枉。掠地争膏腴，输公混下上。田赋苦不均，谁能一厘爽。邑侯爱养深，百里运于掌。田因水教变，税从画一想。走马勘远疆，苦心恤沉瀣。计赋悉丝毫，算田准方广。田清赋亦清，强弱绝纷攘。自今丘陇安，扶杖闲来往。

---

[1] 舃（xì）：鞋。

东莆田
邑人陈钺

一

东有莆田，曾孙所守。彼何人斯，攘为己有。岂弟君子，为我复之。万有千年，福禄笃之。

二

东有莆田，尔界尔疆。强哉若人，忽熟忽荒。赋奚往兮，岁复稻粮。君子一之，福禄永昌。

清河道中
余毓澄

雪鬓承青笠，行过小邑间。柳述天暗淡，水涸粟艰难。平政民归朴，贫官署早闲。征书知到此，车辙定相攀。

次清河呈管明府 [①]

管子清河令，挥弦治五年。丁分苏老弱，屯去复桑田。薄敛民余食，支烦橐少钱。更怜风雨夜，破署不成眠。

舟泊清河
曹鼎

几度清河憩驿亭，人民今始去鸠形。茅编曲岸新成市，灯闪长堤迥落星。一带桑麻烟里望，五更弦诵月中听。三年不倦先劳意，自是书名在御屏。

---

① 此诗未署作者姓名，疑与上首诗同一作者。

出清河口为管邑侯作

曹燕怀

漂母墩前一棹回，甘罗城畔几人来。菱歌渔唱秋风晚，巷答街吟落照开。共道临江来茂宰，须知仲父号奇才。高阳赤子思荀令，清邑苍生遇冠莱。请命立苏田政酷，清粮顿教井强裁。稼禾遍野农功起，灯火虚窗学校培。风拂藻芹浮泮绿，花飞桃李夹桥栽。村无严檄惊眠犬，署有清琴引落梅。雨足东皋消积雪，春嘘大地不闻雷。口碑载道芬生齿，祝鼓登堂酒满罍。① 受者情不能已矣，行人爱亦何殊哉。无缘得识荆州面，有意还登单父台。今日民皆歌五袴，他年吏自擢三台。采风淮甸成心契，报最燕京应首推。

登高作赋，即景流连，虽一时之兴会使然，然也有感慨乎！土风民俗长言之不足，而反复咏叹以出之者。清口为舟车络绎之地，皇华驻节之所，其间才人学士之往来游憩，情发乎辞而为诗为文概不胜收。收则收其于土风民俗甚有关切者，不敢略其言，因不敢略其人也。

点校者注：目录中有"附　杂辨　备遗"，而底本中未见一字。

---

① 罍（léi）：古代一种盛酒的容器。小口，广肩，深腹，圈足，有盖，多用青铜或陶制成。